Para meu avô, Theo Körner.

O Guia de Bolso para Quem Não É C.D.F.

Frases em Alemão

Por Angelika Körner e Susan Shelly

ALTA BOOKS
EDITORA
Rio de Janeiro, 2012

O Guia de Bolso Para Quem Não É CDF – Frases em Alemão

ISBN: 978-85-7608-657-4

Produção Editorial
Editora Alta Books

Gerência Editorial
Anderson Vieira

Supervisão Editorial
Angel Cabeza
Augusto Coutinho

Controle de Qualidade Editorial
Pedro Sá
Sergio Luiz de Souza

Editoria de Séries
Cláudia Braga
Thiê Alves
Isis Batista

Equipe de Design
Adalberto Taconi
Andréa Bellotti
Bruna Serrano
Iuri Santos
Marco Aurélio Silva

Equipe Editorial
Brenda Ramalho
Camila Werhahn
Cláudia Braga
Cristiane Santos
Daniel Siqueira
Evellyn Pacheco
Jaciara Lima
Juliana de Paulo
Lara Gouvêa
Lícia Oliveira
Marcelo Vieira
Milena Souza
Paulo Camerino
Rafael Surgek
Thiê Alves
Vanessa Gomes
Vinicius Damasceno

Tradução
Betânia Monteiro

Revisão Gramatical
Fátima Regina

Revisão Técnica
Diego Dias Ribeiro
Graduado em Língua Alemã pela Universidade Estadual do Rio de Janeiro

Diagramação
Diego Oliveira

Marketing e Promoção
Daniel Schilklaper
marketing@altabooks.com.br

1ª Edição, 2012

Dados Internacionais de Catalogação na Publicação (CIP)

K84g Körner, Angelika.
O guia de bolso para quem não é C.D.F. : frases em alemão / por Angelika Körner e Susan Shelly. – Rio de Janeiro, RJ : Alta Books, 2012.
272 p.
Inclui índice.
Tradução de: The pocket idiot's guide to German phrases
ISBN 978-85-7608-657-4

1 1. Língua alemã - Conversação e frases - Português. 2. Língua alemã - Compêndios para estrangeiros. I. Título. II. Shelly, Susan.
2
3

CDU 803.0(035)
CDD 438.3

Índice para catálogo sistemático:

1. Língua alemã : Compêndios 803.0(035)}
(Bibliotecária responsável: Sabrina Leal Araujo – CRB 10/1507)

ALTA BOOKS
EDITORA

Rua Viúva Cláudio, 291 – Bairro Industrial do Jacaré
CEP: 20970-031 – Rio de Janeiro – Tels.: 21 3278-8069/8419 Fax: 21 3277-1253
www.altabooks.com.br – e-mail: altabooks@altabooks.com.br
www.facebook.com/altabooks – www.twitter.com/alta_books

Sumário

Introdução

Então você decidiu que deseja se familiarizar com o idioma alemão ou talvez recordar um conhecimento que possa já ter esquecido. Conforme for aprendendo ou reaprendendo a língua, saiba que está em boa companhia. Mais de 180 milhões de pessoas falam alemão, o que faz desse idioma um dos mais falados no mundo.

Aprender uma nova língua pode ser uma tarefa um pouco assustadora, mas também pode ser emocionante e divertida. Claro que sempre é um desafio se dispor a aprender algo novo, mas com certeza os resultados valerão a pena.

Este livro vai ensinar o suficiente para que você esteja apto a abrir seu caminho quando estiver em qualquer país de língua alemã e precisar conversar com pessoas que falem esse idioma. Embora você não seja exatamente um especialista na língua, quando terminar este livro vai se sentir confiante o suficiente para experimentar o seu novo vocabulário conforme necessário, sabendo que as pessoas vão entender o que você está dizendo.

Encontrar tempo para estudar e praticar as frases em alemão vai exigir um pouco de empenho de sua parte, mas este livro é feito de forma que você vai poder escolher os tópicos da língua que mais lhe interessam. Se você vai visitar a Alemanha, por exemplo, antes de embarcar você pode ler o capítulo que apresenta as frases que você vai precisar no seu caminho. E quando estiver no avião, pode estudar o capítulo que vai ajudá-lo a se registrar no hotel.

Então, acomode-se e comece essa jornada de aprendizado de uma nova língua. Acreditamos que você vai gostar da viagem.

Extras

Três tipos de quadros com informações adicionais estão incluídos nos capítulos deste livro com a finalidade de oferecer informações que serão úteis e valiosas. Veja como eles são:

Atenção!

Estes quadros são avisos sobre palavras que podem gerar gafes ou mal-entendidos sociais ou culturais.

O Que É Isso?

Estes quadros contêm informações gramaticais e explicações sobre terminologia com a qual talvez você não esteja familiarizado.

E por Falar Nisso...

Estes quadros trazem dicas, informações pouco conhecidas e muito mais para ajudar você a formar um panorama da língua e cultura germânicas.

Agradecimentos

Os autores gostariam de agradecer às muitas pessoas que compartilharam seu tempo, sua informação e seus recursos para fazermos este livro. Um agradecimento especial aos nossos editores especialistas da Alpha Books, cujo olhar atento sempre é capaz de tornar uma obra ainda melhor do que aquela que lhes foi submetida. E um obrigado também a Gene Brissie da James Peter Associates.

Agradecemos com muito amor aos nossos familiares e, por fim, um agradecimento especial à Stephanie Rieffanaugh.

Um Agradecimento Especial ao Revisor Técnico

O texto original foi revisado por especialistas e checado para garantir a exatidão do que você vai aprender aqui para assegurar que esse livro vai lhe dar as frases de que você precisa saber para se virar em um país de língua alemã. Um agradecimento especial a Jeff Poth.

Jeff Poth é graduado pelo Rutger College de Nova Jersey, com diplomas em Alemão, Economia e História da Arte. Ele é membro da German Honor Society e estudou na University of Constance, na Alemanha. Atualmente, dirige o Poth Audio, onde projeta e fabrica componentes de áudio, além das muitas outras atividades que desenvolve.

Marcas Registradas

Capítulo 1

Então Você Quer Aprender a Falar Alemão

Neste Capítulo

- Cognatos
- Mantendo-se calmo enquanto aprende o idioma
- Dicas de aprendizado
- A pronúncia de frases e palavras em alemão

Tentar aprender uma nova língua pode ser uma tarefa assustadora, isso nem se discute. Contudo, à medida que nosso mundo vai se tornando cada vez menor, conhecer um pouco das diferentes culturas e idiomas está ficando cada vez mais importante.

Apesar de ser uma língua germânica, o alemão pegou emprestado muitas palavras do latim (idioma do qual se origina o português). Daí o fato de haver algumas palavras parecidas em português e alemão.

O Que É Isso?

Duas palavras semelhantes em línguas diferentes são chamadas de **cognatas**. Alguns cognatos alemão/português são quase idênticos na escrita e no significado, como *gas* (gás) e *aktuell* (atual).

Mas nem sempre as coisas são como aparentam ser, portanto, não pense que todas as palavras que parecem ser cognatas realmente o sejam. Cuidado com um grupo de palavras chamado de "falsos cognatos". Elas parecem cognatas, mas têm significados muitas vezes completamente diferentes. Alguns exemplos de falsos cognatos entre o alemão e o português seguem na Tabela 1.1.

Tabela 1.1 Exemplos de Falsos Cognatos

Alemão	Pronúncia	Português
der Balkon	*dér bal-kon*	varanda
der Tresen	*dér tré-ssen*	balcão
das Menü	*das me-nu*	prato do dia
die Speisekarte	*dii sh-pai-ze-kar-te*	menu/cardápio
das Bonbon	*das bon-bom*	bala
die Praline	*prra-li-ne*	bombom

Tabela 1.1 Exemplos de Falsos Cognatos (continuação)

Alemão	Pronúncia	Português
Billion	*bi-lli-on*	trilhão
Milliarde	*mi-lli-ar-de*	bilhão
die Sorte	*dii zór-te*	tipo
das Glück	*das glúk*	sorte
die Tapete	*dii ta-pe-te dér*	papel de parede
der Teppich	*té-pisch*	tapete
die Dose	*dii dô-ze*	lata
die Dosis	*dii dô-zis*	dose
das Café	*das ca-fê*	cafeteria
der Kafee	*dér ka-fe*	café
der Krimi	*dér cri-mi*	romance policial
das Verbrechen	*das fer-bre-chen*	crime
die Art	*dii árt*	maneira/modo
die kunst	*dii kunst*	arte
das Tempo	*das tem-pô*	velocidade/compasso musical
die Zeit	*dii tsait*	tempo
das Wetter	*das vé-TAH*	clima
die Villa	*dii vi-la*	mansão
das Städchen	*das schtá-d-chen*	vila
die Mappe	*dii ma-pe*	pasta de documentos
die Landkarte	*dii land-kar-te*	mapa

Mantendo a Calma

Aprender uma nova língua - qualquer língua - envolve cometer um número razoável de erros. Isso é fato. Você se lembra de quando estava aprendendo a dirigir um carro? Ou de quando aprendeu a tricotar? Ou a jogar tênis? Ou a usar o computador? Provavelmente, você cometeu muitos erros ao longo do caminho, afinal de contas, por sua própria natureza, aprender inclui errar.

Em vez de se sentir tenso e constrangido quando tentar falar alemão com um falante nativo, pense por um minuto nas inúmeras vezes em que você se encontrou com alguém cuja língua nativa não era o português e a pessoa tentou se comunicar. Provavelmente você foi paciente e, com a maior boa vontade, reconheceu os esforços que a pessoa empreendeu para tentar falar a sua língua. Possivelmente, os dois conseguiram chegar a um certo grau de entendimento e comunicação.

Pode ser que você dê alguns tropeços nos estágios iniciais do aprendizado. Seja aventureiro, mantenha-se calmo e desfrute da experiência.

Dicas para o Aprendizado de uma Nova Língua (Especialmente o Alemão)

Aprender uma língua é parecido com aprender a tocar um instrumento musical. Você precisa praticar e, praticar, significa repetir. Se refletir a respeito, verá que é assim que nós todos aprendemos a falar quando éramos crianças. Ouvimos a língua sendo falada a nossa volta e, finalmente, descobrimos o que as palavras queriam dizer e como pronunciá-las.

Se você tiver alguém que fale alemão por perto, enquanto estiver aprendendo, vai ser de grande ajuda. Mas se não houver ninguém disponível, você mesmo pode providenciar as repetições:

- Use etiquetas para identificar os objetos de sua casa com os seus nomes em alemão.
- Escreva a frase em alemão correspondente a algumas tarefas domésticas em etiquetas e coloque nos lugares onde as atividades são realizadas. Por exemplo, coloque um bilhetinho com a frase *Ich mache Kaffe* (eu faço café) ao lado da cafeteira elétrica.
- Dedique 10 minutos por dia a revisar as frases e o vocabulário. Peça a um amigo ou parente que lhe faça perguntas para ver se você aprendeu.
- Cheque sites e tutoriais de aprendizado da língua na internet. Muitos sites gratuitos oferecem prática de vocabulário e alguns até trazem áudios.

Muitas vezes se recomenda aos alunos que façam uma imersão na língua que querem aprender. Certifique-se de escolher o material apropriado para o seu nível se você for seguir esse caminho. Por exemplo, se for um completo iniciante, não tente assistir ao noticiário recente da Alemanha ou a um filme em alemão, pois apenas vai se sentir frustrado. Em vez disso, procure por livros infantis, revistas, vídeos ou áudios voltados para o seu nível de proficiência.

O melhor recurso para o aprendizado, no entanto, continua sendo as pessoas. Se você tiver a oportunidade de passar um tempo conversando com um falante de alemão, ele poderá se adaptar ao seu nível de proficiência. Isso vai lhe dar uma chance de testar o que você aprendeu e de corrigir alguns daqueles inevitáveis errinhos. Também lhe dará oportunidades valiosas para ouvir e entender a língua.

Pronunciando Quase Tudo em Alemão

Se você está de viagem marcada, vai se deparar com muitas palavras - particularmente nomes próprios de pessoas e lugares - que não aprendeu neste livro.

O guia de pronúncia na Tabela 1.2 vai ajudar você a pronunciar as palavras e frases listadas ao longo deste livro de forma que poderá se fazer entender pela maioria das pessoas falantes de alemão.

Tabela 1.2 Guia de Pronúncia do Alemão

Letra em Alemão	Som aproximado em Português	Exemplo
a	*ah*	faca
ä	*é*	die Wärme – (di vérme) – o calor
au	*au*	aula
äu	*ói*	das Fräulein – (das frólain) – a senhorita
ch	k	k no início das palavras = das Charakter (das káracter) – o caráter
	h aspirado	Ich – (iH) – eu – (som similar ao *h* do inglês em *hobby)*
b	*b, p*	é pronunciado como *p* ao final da sílaba= der Abfall – (dér ápfal) – a descida
d	*d, t*	é pronunciado como *t* ao final da sílaba = der Mund – (dér munt) – a boca
ei	*ái*	die Reise – (di rráize) – a viagem
eu	*ói*	der Freund – (der fróint) – o amigo
gn	*g-n*	(As duas letras são pronunciadas separadamente)
i	*ih*	ilha

continua

Tabela 1.2 Guia de Pronúncia do Alemão (continuação)

Letra em Alemão	Som aproximado em Português	Exemplo
ie	*i*	die Biene – (di bíne) – a abelha
h	*h aspirado*	sempre que estiver no começo da palavra ou sílaba= der Hand – (dér hand) – a mão nas outras situações não é pronunciado
j	*i*	das Jarh – (das iár) – o ano mas atenção, o *j* tem o mesmo som do português em palavras de origem francesa: das Journal (das jurnal) – o jornal
kn	*k-n*	(As duas letras são pronunciadas separadamente)
o	*ô*	bobo
ö	*ê*	der Löffel – (dér lêfel) – a colher
qu	*q-u*	qualidade
s	s, z	quando estiver no início da palavra ou entre vogais, tem som de z = der Saal – (dér zál) de resto, som de s = der Reis – (dér rráis) – o arroz

Tabela 1.2 Guia de Pronúncia do Alemão (continuação)

Letra em Alemão	Som aproximado em Português	Exemplo
β	*ss*	heiβen - (háissen) – verbo chamar
sch	*ch*	die Schule – (di ch<u>u</u>le) = a escola
sp	*chp*	die Sprache – (di chpráHe) – o idioma
st	*cht*	die Stadt – (di chtát) – a cidade
th	*t*	teto
u	*u*	urso
ü	*ü*	der Süd – (dẹ́r züd) – o sul
v	*f*	viel – (fíl) - muito
w	*v*	die Woche – (di <u>vo</u>He) – a semana
z	*ts*	Zehn – (tsên) - dez

A maior dificuldade para o falante de português talvez seja o encontro consonantal *ch*, pois este fonema é bem diferente na língua portuguesa.

Para realmente aprender a pronunciar esse som, você vai precisar ouvir com atenção um falante nativo.

Bem-vindo à Alemanha

E por Falar Nisso...

Se o seu objetivo é desenvolver uma pronúncia quase nativa, peça a falantes nativos que repitam as palavras em voz alta para você. A maioria das pessoas vai ajudar com prazer se pedir com gentileza. É claro que você também pode recorrer a CDs ou vídeos para praticar os diferentes sons.

Provavelmente, você já percebeu que algumas vogais em alemão tais como o *ä*, *ö* e o *ü* levam um trema sobre elas. Esses dois pontos são chamados de *Umlaut,* e modificam o som da vogal.

O som do *ä* é muito similar ao do português *é*, em *café*, mas o *ü* e o *ö* não têm equivalentes em português. Para pronunciar o *ü*, os lábios ficam na posição de pronunciar a vogal *u*, mas devem dizer a vogal *i*. Para pronunciar o *ö*, os lábios devem estar na posição de pronunciar a vogal *ô*, mas emitem a vogal *ê*. Tente ouvir esses sons falados por alguém nativo ou ouça áudios na internet, com certeza essa prática vai ajudá-lo.

Se o som das vogais *ä*, *ö* e *ü* estiver muito complicado, esqueça o *Umlaut* e as pronuncie como você faria normalmente. Não vai soar como um nativo, mas pode ir praticando e melhorando sua pronúncia quando estiver no meio de pessoas que usem os sons reais.

O Que É Isso?

A letra β, ou *es-tset*, é peculiar ao idioma alemão. Ela é pronunciada com o som do *ss*, como na palavra *assar*.

A essas alturas, você provavelmente já compreendeu que o seu Volkswagem é na verdade um *fôlks-vá-guen* e Mozart se pronuncia *mô-tsart*. Tente agora pronunciar as palavras da Tabela 1.3. Cubra a coluna de pronúncia e só cheque se está correto após se sentir satisfeito com os seus resultados.

Tabela 1.3 Pronúncia do Alemão

Alemão	Pronúncia
Darmstadt	*dárm-chtát*
Einbahnstra βe	*áin-bân-chtra-sse*
Europa	*oi-rro-pa*
Freiburg	*frái-burg*
Gotha	*gó-ta*
Jena	*ie-na*
Köln	*kêln*
Koblenz	*kô-blents*
München	*mün-Hen*

continua

Tabela 1.3 Pronúncia do Alemão (continuação)

Alemão	Pronúncia
Passau	*pa-ssau*
Schwarzwald	*chvarts-valt*
Speyer	*chpé-ier*
Viertel	*fír-tel*

Bem-vindo à Alemanha

E por Falar Nisso...

Em alemão, a sílaba tônica da palavra, a ênfase, geralmente recai na primeira sílaba. Neste livro, as sílabas tônicas serão sublinhadas. E lembre-se de que quando a letra *H* aparecer na coluna da pronúncia, ela deverá ser pronunciada com som aspirado.

Capítulo 2

Chegando à Alemanha

Neste Capítulo

- Frases relacionadas a aeroportos e aviões
- Dominando o jargão dos comissários de bordo
- Localizando sua bagagem no aeroporto
- Lidando com mal-entendidos e problemas de linguagem

Você já comprou as passagens e reservou seu voo. Já providenciou para que alguém regue suas plantas e receba sua correspondência durante sua ausência. As malas já estão prontas, o passaporte na mão e você está pronto para partir rumo ao aeroporto.

Embarcar em uma viagem é sempre uma proposta excitante, especialmente se for para o exterior. Mas também pode ser uma experiência um pouquinho assustadora.

Neste capítulo, você vai aprender as frases de que precisa para chegar até a Alemanha e passar pelo aeroporto quando chegar lá. Leve este livro com você na bagagem de mão ou na bolsa, para que possa estudar quando estiver dentro do avião.

No Aeroporto

Apesar de que, provavelmente, você não vai precisar "gastar" seu alemão até chegar à Alemanha, não custa nada se familiarizar com os termos e frases relacionadas aos aviões e aeroportos. Os termos na Tabela 2.1 vão ajudá-lo a entender e a se comunicar com outros passageiros e com funcionários no aeroporto.

Tabela 2.1 Expressões Relacionadas a Aviões e Aeroportos

Português	Alemão	Pronúncia
companhia aérea	die Fluglinie	*di fluk-lí-nie*
avião	das Flugzeug	*das fluk-tsóik*
aeroporto	der Flughafen	*dér fluk-há-fen*
chegada	die Ankunft	*di ân-kunft*
entrega de bagagem	die Gepäckausgabe	*di guê-péc-aus-ga-be*
banheiro	die Toiletten/die WCs	*die Toiletten/die WCs*
ponto de ônibus	die Bushaltestelle	*di bus-hál-te-chte-le*
aluguel de carros	der Mietwagen/der Leihwagen	*dér mit-vá-guen/dér lái-vá-guen*
bagagem de mão	das Bordgepäck	*das bord-guê-péc*
carrinho (de bagagem)	der Wagen	*dér vá-guen*
balcão	der Schalter	*dér chál-ta*
partida	der Abflug	*dér ap-fluk*

Tabela 2.1 Expressões Relacionadas a Aviões e Aeroportos (continuação)

Português	Alemão	Pronúncia
atraso	die Verspätung	*di fer-chpê-tun*
elevador	der Aufzug/der Lift	*dér auf-tsuk/dér lift*
entrada	der Eingang	*dér ain-gang*
saída	der Ausgang	*dér aus-gang*
destino final	der Ankunftsort	*dér ân-kunfts-órt*
voo	der Flug	*dér fluk*
portão (de embarque)	das Gate	*das gueit*
informações	die Information/die Auskunft	*di in-for-ma-tsion/di áus-kunft*
achados e perdidos	das Fundbüro	*das fund-bi-rrô*
perder o voo	den Flug verpassen	*den fluk fer-pá-ssen*
câmbio de dinheiro	der Geldwechsel	*dér guelt-véc-sel*
bagagem de dimensões especiais	das Sperrgepäck	*das chpér-guê-péc*
controle de passaporte	die Paβkontrolle	*di pas-con-tró-le*
controle de segurança	die Sicherheitskontrolle	*di zi-char-háits-con-tró-le*
escala	der Zwishenstop (in)	*di tsvi-chen-chtop*
mala	der Koffer	*dér kó-fer*
passagem	das Ticket	*das ti-quet*
estação de trem	der Bahnhof	*der bân-hof*
viagem	die Reise	*di rrái-ze*

No Avião

A maioria dos funcionários das principais companhias aéreas que fazem o trajeto entre o Brasil e Alemanha, Áustria ou Suíça falam inglês ou português, portanto você não vai precisar gastar o seu alemão enquanto estiver no ar. Porém, é possível que precise se comunicar com algum passageiro falante de alemão. Portanto, estude a Tabela 2.2 se quiser praticar algumas frases para serem usadas durante o voo.

O Que É Isso?

Se você percebeu que as palavras em alemão para *táxi*, *banheiro* e *dinheiro* estão escritas com a letra inicial maiúscula, não estranhe. É que em alemão os substantivos são todos escritos com letra maiúscula, não importa se estão no início ou no fim da frase. Contudo, adjetivos como os que indicam nacionalidade, por exemplo, *alemão,* não são escritos com letra maiúscula.

Tabela 2.2 Dentro do Avião

Português	Alemão	Pronúncia
corredor	der Gang	*dér gang*
embarcar no avião	ins Flugzeug einsteigen	*ins fluk-tsóik áin-chtái-guen*
tripulação	die Flugbegleiter (PL)	*di fluk-be-glai-ter*
saída de emergência	der Notausgang	*dér nôt-áus-gang*

Tabela 2.2 Dentro do Avião (continuação)

Português	Alemão	Pronúncia
aterrissagem	die Landung	*di lan-dung*
colete salva-vidas	die Schwimmweste	*di chvim-ves-te*
(não) fumantes	(Nicht) Raucher	*(nixt) ráu-Her*
fileira	die Reihe	*di rái-ê*
assento	der Sitz	*der zits*
cinto de segurança	der Sicherheitsgurt	*der zi-Her-háits-gurt*
decolagem	der Abflug	*der ap-fluk*

Localizando a Sua Bagagem

Quando chegar ao aeroporto na Alemanha, vai ser necessário apanhar a sua bagagem antes de seguir viagem até seu destino final. Use as frases na Tabela 2.3 para encontrar suas malas e resolver qualquer contratempo que possa surgir.

Tabela 2.3 Na Entrega de Bagagem

Português	Alemão	Pronúncia
Onde é o balcão?	Wo ist der Schalter?	vô ist der chál-ter?
Onde é a entrega de bagagem?	Wo ist die Gepäckausgabe?	vó ist di gue-péc-aus-ga-be?
Onde fica a bagagem de dimensões especiais?	Wo ist das Sperrgepäck?	vô ist das chpér-gue-péc?
Está faltando (uma) peça da bagagem.	Mir fehlt ein Gepäckstück.	mir fêlt áin gue-péc-chtüc.

continua

Tabela 2.3 Na Entrega de Bagagem (continuação)

Português	Alemão	Pronúncia
Onde é o voo para...?	Wo ist der Flug nach...?	vô ist dér fluk naH?
É ali.	Es ist dort.	ês ist dórt.
Fica nesta direção.	Es ist hier entlang.	ês ist hir ent-lâng.
Siga por aqui!	Gehen Sie hier entlang!	gue-en zi hir ent-lâng.
Suba.	Gehen Sie hoch!	gue-en zi hoH.
Desça.	Gehen Sie runter!	gue-en zi run-ter
Volte para...	Gehen Sie zurück zu...	gue-en zi tsu-rüc tsu..
Vá para a direita!	Gehen Sie rechts!	gue-en zi reHts.
Vá para a esquerda!	Gehen Sie links!	gue-en zi links.

Comunicando-se em Situações Difíceis

Quando um viajante não é fluente na língua do país que está visitando, está propenso a passar por situações complicadas tentando se comunicar. Quando você não estiver entendendo o que alguém está lhe dizendo ou estiver tendo problemas em se fazer compreender, não fique frustrado nem finja que sabe mais do que realmente sabe. Simplesmente use as frases na Tabela 2.4 para dizer à pessoa com a qual está falando que você está tendo dificuldades.

Tabela 2.4 Quando Você Não Estiver Entendendo

Português	Alemão	Pronúncia
Desculpe.	Entschuldigung	ent-chul-di-gung
Eu não entendo.	Ich verstehe nicht.	iH fer- chte-ê niHt.
Por favor, repita isso.	Bitte wiederholen Sie das.	bi-te vi-dar-ho-len zi das.
Por favor, fale mais devagar.	Bitte sprechen Sie langsamer.	bi-te chpré-chen zi lang-za-mar
Eu falo...	Ich spreche...	ih chpré-che...
português	Portuguiesisch	por-tu-gui-zish
alemão	Deutsch	dóitsh
Eu não falo (bem)...	Ich spreche nicht (gut)...	iH chpré-che/nicht (gut)
Você fala...?	Sprechen Sie...?	chpré-chen zi...?

Agora que você já desembarcou na Alemanha, provavelmente vai encontrar muita gente interessante. No próximo capítulo você vai aprender como fazer perguntas aos outros sobre suas vidas e como falar sobre si mesmo.

Capítulo 3

Conhecendo Pessoas

Neste Capítulo

- Quebrando o gelo
- Fazendo perguntas
- Falando sobre si mesmo
- Apresentando membros da família
- O tratamento informal

Sem dúvida você vai conhecer muita gente durante sua visita à Alemanha. Com certeza vai querer ser capaz de lhes contar um pouco sobre você mesmo e descobrir coisas sobre eles. Neste capítulo, você vai aprender frases que vão ser úteis na hora de conhecer pessoas e conversar sobre suas vidas.

Cumprimentos!

Um aceno de cabeça e um sorriso valem muito na hora de dar a entender aos outros que você é sociável e está interessado em fazer amigos, mas as palavras e frases a seguir vão ajudar muito também. Na Tabela 3.1 listamos algumas frases e perguntas úteis na hora das apresentações.

Tabela 3.1 Cumprimentos Habituais

Português	Alemão	Pronúncia
Olá.	Hallo.	*há-lô*
Bom dia.	Guten Tag.	*gu-ten tac*
Boa noite.	Guten Abend.	*gu-ten a-bend*
Sr.	Herr	*hér*
Senhora	Frau	*frau*
Eu me chamo...	Ich heiβe...	*ih hái-sse*
Como você se chama?	Wie heiβen Sie?	*vi hái-ssen zi*
Como vai?	Wie geht's?	*vi guêts?*
Bem, obrigado(a).	Gut, danke.	*gut, dân-ke.*
Vou indo.	Es geht.	*ês guêt.*
Nada mal.	Nicht schlecht.	*niht chleHt.*
E (como vai) você?	Und Ihnen?	*unt i-nen.*
Até mais.	Auf Wiedersehen.	*auf vi-dar-ze-en*
Tchau.	Tschüβ.	*tchüss*
Até mais tarde.	Bis später.	*bis chpê-tar*
Eu sou do...	Ich komme aus...	*ih kô-me aus...*
Brasil	Brasilien	*bra-zi-lien*
Estados Unidos	den Veveinigten Staaten	*den fér-ái-nig-ten chtá-ten*
Canadá	Kanada	*ka-na-da*
De onde você é?	Woher kommen Sie?	*vô-hér ko-men zi*

"Você Se Importaria Se Eu Perguntasse...?"

Quando se conhece alguém, é natural fazer um monte de perguntas. Para saber mais sobre as novas pessoas que encontrará, você vai precisar usar os pronomes interrogativos. Veja na Tabela 3.2 algumas das palavras que você vai precisar saber.

Tabela 3.2 Pronomes Interrogativos

Português	Alemão	Pronúncia
como	wie	vi
quanto(a/s)	wie viele/wieviel	vi fi-le/vi-fil
(o) que	was	vas
quando	wann	van
onde	wo	vô
quem	wer	vér
por que	warum	*va-rrum*

Um Pouquinho Mais sobre Você

Do mesmo modo que você vai fazer perguntas para as pessoas que conhecer, estas vão querer saber mais a seu respeito. As próximas tabelas vão ajudá-lo a falar sobre si, sobre as coisas que gosta de fazer e sobre sua família.

Mas antes de começar a falar de si, há algo que precisa saber sobre o verbo "ter", ou *haben. Haben* é um verbo essencial para falar sobre nós, especialmente quando se trata de descrever a família. Na Tabela 3.3 você vai ver algumas maneiras de usar esse verbo.

Tabela 3.3 Diferentes Formas do Verbo Haben ("Ter")

Português	Alemão	Pronúncia
Eu tenho um/uma...	Ich habe einen/eine ...*	*ih ha-be ái-nen/ ái-ne...*
Eu (não) tenho irmãos.	Ich habe (keine) Geschwister.	*ih ha-be (kái-ne) guê-chvis-ta*
Você tem um/uma...?	Haben Sie einen / eine...?	*ha-ben zi ái-nen/ ái-ne*
Ele/Ela tem (dois)...	Er / Sie hat (zwei)...	*er/zi hat (tsvái)...*
Nós temos...	Wir haben...	*vir ha-ben*
Eles têm...	Sie haben...	*zi ha-ben...*

O Que É Isso?

Lembre-se de usar *einen* se a palavra que segue o verbo "ter" for masculina, *eine* se for uma palavra feminina e *ein* se for uma palavra de gênero neutro. Para mais informações sobre os gêneros das palavras, veja a Tabela 15.1.

Falando de Profissões

Quando você conhece alguém, geralmente não demora muito até entrar no assunto das profissões, ou *Berufe (be-rru-fe)*. Com a Tabela 3.4 você vai estar preparado, em caso de perguntarem o que é que você faz.

Tabela 3.4 Profissões

Português	Alemão	Pronúncia
Eu sou ...	Ich bin...	*iH bin...*
Você é...?	Sind Sie...?	*zind zi...?*
Eu trabalho para um/ uma...	Ich arbeite für einen/ eine... *	*ih ár-bái-te für ái-nen/ái-ne...*
Você trabalha para um/uma...?	Arbeiten Sie für einen/ eine...?*	*ár-bái-ten zi für ái-nen/ái-ne...*
contador	Buchhalter (m)	*buH-hal-ter*
	Buchhalterin (f)	*buH-hal-te-rin*
operário	Handwerker (m)	*hand-vér-ka*
operária	Handwerkerin (f)	*hand-vér-ke-rin*
dentista	Zahnarzt (m)	*tsân-artst*
	Zahnärtzin (f)	*tsân-érts-tin*
engenheiro (a)	Ingenieur (m)	*in-guê-nier*
	Ingenieurin (f)	*in-guê-nie-rin*
empresário (a)	Unternehmer (m)	*un-tar-nê-ma*
	Unternehmerin (f)	*un-ter-nê-me-rin*
funcionário (a) público(a)	Beamter (m)	*be-am-tar*
	Beamtin (f)	*be-am-tin*
advogado (a)	Rechtsanwalt (m)	*réHts-ân-valt*
	Rechtsanwältin (f)	*réHts-ân-vél-tin*
gerente	Manager (m)	*me-ne-ger*
	Managerin (f)	*me-ne-ge-rin*

continua

Tabela 3.4 Profissões (continuação)

Português	Alemão	Pronúncia
médico (a)	Arzt (m)	*ártst*
	Ärtztin (f)	*ér-ts-tin*
policial	Polizist (m)	*pô-li-tsist*
	Polizistin (f)	*pô-li-tsis-tin*
vendedor (a)	Kaufmann (m)	*káuf-man*
	Kauffrau (f)	*káuf-frau*
secretário (a)	Sekretär (m)	*ze-kre-tér*
	Sekretärin (f)	*ze-kre-té-rin*
professor (a)	Lehrer (m)	*lê-Har*
	Lehrerin (f)	*lê-He-rin*

O Que É Isso?

Em alemão, a maioria das profissões existe nas formas masculina e feminina, assim como em português. Geralmente, é só adicionar o sufixo *–in* para obter a forma feminina da palavra.

"Nas Horas Vagas, Eu Gosto de ________"

Tão importante quanto a sua atividade profissional são as atividades que você faz para se divertir. A Tabela 3.5 vai ajudar você a se expressar sobre as coisas que faz por lazer.

Para dizer que você não gosta de algo, apenas adicione "não", ou *nicht (niHt)*, após o verbo.

Tabela 3.5 Lazer

Português	Alemão	Pronúncia
Eu (não) gosto de dançar.	Ich tanze (nicht) gern.	*iH tan-tse (niHt) guérn.*
Eu gosto de jogar...	Ich spiele gern...	*iH chpi-le guérn*
Eu gosto de ler.	Ich lese gern.	*iH lê-ze guérn*
Eu gosto de fazer compras.	Ich gehe gern einkaugen.	*iH ge-e guérn áin-kau-fen*
Eu gosto de fazer artesanato.	Ich bastele gern.	*iH-bás-te-le guérn.*
Eu gosto de praticar esportes.	Ich mache gern Sport.	*iH ma-He guérn chport*
Eu gosto de nadar.	Ich shwimme gern.	*iH chvi-me guérn*
Eu gosto de viajar.	Ich verreise gern.	*iH fe-rrai-ze guérn*
Eu gosto de artes.	Ich mag Kunst.	*iH mag kunst*
Eu gosto de música.	Ich mag Musik.	*iH mag mu-zik*
Eu gosto da natureza.	Ich mag die Natur.	*iH mag di na-tur*
Eu gosto de (assistir) esportes.	Ich mag Sport.	*iH mag chpórt.*

Apresentando Sua Família

Se você está viajando acompanhado de membros da família, vai querer ser capaz de apresentá-los às pessoas que conhecer. Nas Tabelas 3.6 a 3.9, veja como fazer as apresentações.

Tabela 3.6 Familiares do Sexo Masculino

Português	Alemão	Pronúncia
Este é meu...	Das ist mein...	*das ist máin...*
Este é o... de...	Das ist der... von ...	*das ist dér... fon...*
pai	Vater	*fá-tar*
avô	Groβvater	*grôs-fá-tar*
irmão	Bruder	*bru-dar*
filho	Sohn	*zôn*
neto	Enkel	*en-kel*
tio	Onkel	*on-kel*
primo	Cousin	*ku-zân*
sobrinho	Neffe	*né-fe*
marido	Mann	*man*
namorado	Freund	*fróind*
Ele se chama...	Er heiβt...	*er háist...*

Tabela 3.7 Familiares do Sexo Feminino

Português	Alemão	Pronúncia
Esta é minha...	Das ist meine...	*das ist mái-ne*
Esta é a... de...	Das ist die... von ...	*das ist di... fon...*

continua

Tabela 3.7 Familiares do Sexo Feminino (continuação)

Português	Alemão	Pronúncia
mãe	Mutter	*mu-ta*
avó	Groβmutter	*grôs-mu-tar*
irmã	Schwester	*chvés-tar*
filha	Tochter	*tór-ta*
neta	Enkelin	*ên-ke-lin*
tia	Tante	*tân-te*
prima	Cousine	*ku-zi-ne*
mulher (esposa)	Frau	*frau*
namorada	Freundin	*fróin-din*
Ela se chama...	Sie heiβt...	*zi háist*

Tabela 3.8 Familiares do Gênero Neutro ou no Plural

Português	Alemão	Pronúncia
Este é meu filho/ minha filha.	Das ist mein Kind.	*das ist máin kint*
Estes são meus...	Das sind meine...	*das zind mái-ne*
filhos.	Kinder.	*kin-dar*
pais.	Eltern	*él-tern*
avós.	Groβeltern	*grôs-él-tern*
Eles se chamam...	Sie heiβen...	*zi hái-ssen*

Tabela 3.9 Perguntando Sobre os Familiares

Português	Alemão	Pronúncia
Este é o seu/sua...?	Ist das Ihr...?	*ist das iar*
Como ele se chama?	Wie heiβt er?	*vi háist er*
Como ela se chama?	Wie heiβt sie?	*vi háist zi*
Como eles/elas se chamam?	Wie heiβen sie?	*vi <u>hái</u>-ssen zi*
Quantos anos ele/ela tem?	Wie alt ist er/sie?	*vi ált ist er/zi*

Conhecendo-se Melhor

Os alemães tendem a ser um povo mais reservado e menos íntimos uns com os outros do que os brasileiros. Contudo, conforme você for conhecendo melhor as pessoas que encontrar, possivelmente vai perceber que elas se tornam mais abertas e receptivas.

Quando você passar a conhecer as pessoas mais intimamente, pode ser que se dirijam a você usando o pronome informal *du* ao invés do *Sie* que é formal. Veja na Tabela 3.10 como entender e usar o "você" mais familiar e informal, ou *du*.

Tabela 3.10 O Pronome Informal "Você"

Português	Alemão	Pronúncia
Por favor, me chame de (seu primeiro nome).	Bitte sagen Sie... zu mir.	*<u>bi</u>-te zá-guen zi... tsu mir*
Por favor, me trate de "du".	Bitte sag "du" zu mir.	*<u>bi</u>-te zág du tsu mir*
Como você se chama?	Wie heiβt du?	*vi háist du*

Atenção!

Existem diferenças culturais e de gerações no uso do pronome de tratamento informal *du* (você) na Alemanha e em outros países europeus. Como regra geral, use *du* somente se alguém lhe pedir para ser tratado por esse pronome ou ao se dirigir a crianças ou membros da família. Nos outros casos, use o *Sie* formal. Chame as pessoas pelo sobrenome, até que elas lhe peçam para chamá-las pelo primeiro nome. E, enquanto você ainda estiver se familiarizando com elas, apresente-se usando o seu primeiro nome e seu sobrenome.

Você vai descobrir que geralmente os alemães são amigáveis e vão se mostrar prestativos quando cometer algum tropeço nas suas tentativas de se comunicar. O mais importante é continuar tentando e manter-se aberto à conversação com as pessoas que você encontrar.

Capítulo 4

Viajando na Alemanha

Neste Capítulo

- Viajando na Alemanha
- Usando os meios de transporte
- Alugando um carro
- Entendendo os sinais de trânsito
- Pedindo informações

Independentemente do meio que você escolher para viajar na Alemanha, provavelmente vai ficar impressionado com o sistema de transporte que o país possui. A Áustria, a Alemanha e a Suíça são conhecidas por seus sistemas de transporte muito eficientes, sejam urbanos ou interurbanos. Tanto as estradas e rodovias, como os trens e o transporte aéreo são muito bem administrados e confiáveis.

Achando Seu Caminho em um País Estrangeiro

Nas Tabelas 4.1 e 4.2 você vai ver frases das quais precisará para se localizar, comprar passagens e bilhetes e embarcar nos meios de transporte públicos.

Tabela 4.1 Encontrando um Meio de Transporte

Português	Alemão	Pronúncia
Onde fica...?	Wo ist...?	*vô ist*
o ponto de ônibus (mais próximo)	die (nächste) Bushaltestelle	*di (néHs-te) bus-hál-te-chte-le*
o metrô / a estação do metrô	die U-Bahn/ die U-Bahn Station	*di U-ban/di U-ban chta-tsion*
o ponto de táxi	der Taxistand	*dér tác-si chtand*
a estação de trem	der Bahnhof	*der ban-hôf*
o bonde para...	die Strasβenbahn nach...	*di chtra-ssen-ban naH*
o ônibus para...	der Bus nach...	*dér bus naH*
o metrô para...	die U-Bahn nach...	*di U-ban naH*
o trem para...	der Zug nach...	*dér tsuk naH*

Tabela 4.2 Preparando-se para Embarcar

Português	Alemão	Pronúncia
Onde posso comprar a passagem?	Wo kann ich eine Fahrkarte kaufen?	*vô kan iH ái-ne fár-kar-te kau-fen*
Quanto custa a passagem para...?	Wieviel kostet eine Fahrkarte nach...?	*vi-fil kôs-tet ái-ne fár-kar-te naH*
Quantas paradas têm entre aqui e ...?	Wieviele Haltestellen liegen zwischen hier und...?	*vi-fi-le hál-te-chte-len li-guen tsvi-chen hir unt*

Tabela 4.2 Preparando-se para Embarcar (continuação)

Português	Alemão	Pronúncia
(Quantas vezes) preciso mudar de trem?	(Wie oft) muss ich umsteigen?	*(vi óft) mus iH um-chtái-guen*
De que plataforma (o trem) parte?	Von welchem Gleis färht (der Zug) ab?	*fon vel-chem gláis fért (dér tsuk) ap*
Uma passagem para...,por favor.	Eine Fahrkarte nach..., bitte.	*ái-ne fár-kar-te naH... bi-te*
só ida	einfach	*áin-faH*
ida e volta	hin und zurück	*hin unt tsu-rük*
um adulto	ein Erwachsener	*áin er-vac-ze-na*
dois adultos	zwei Erwachsene	*tsvái er-vac-ze-ne*
uma criança	ein Kind	*áin kint*
duas crianças	zwei Kinder	tsvái kin-dar
(não) fumante	(Nicht) Raucher	(niHt) ráu-Har
primeira/segunda classe, por favor	erste/zweite Klasse, bitte.	ers-te/tsvái-te klá--sse, bi-te
chegada	die Ankunft	di ân-kunft
partida	die Abfahrt	di ap-fart

Bem-vindo à Alemanha

E por Falar Nisso...

Quando buscar informações sobre os horários dos transportes públicos, lembre-se de que na Alemanha também se divide o dia em 24 horas. Veja frases sobre horários no Capítulo 6.

Pedindo Ajuda Durante a Viagem

Depois de chegar e embarcar no seu trem, ônibus ou metrô, talvez descubra que precisa pedir informações ou ajuda ao motorista ou aos outros passageiros. Na Tabela 4.3 damos algumas frases que serão úteis nessas situações.

Tabela 4.3 Pedindo Ajuda

Português	Alemão	Pronúncia
Este é o (trem) para...?	Ist das der Zug nach...?	*ist das dér tsuk naH*
Eu gostaria de ir para...	Ich möchte nach...	*iH mêH-te naH*
Eu gostaria de descer em...	Ich möchte am/ an der...aussteigen.	*iH mêH-te am/an dér... áus-chtéi-guen*
Quantas paradas têm ainda até ...?	Wieviele Haltestellen sind es noch bis...?	*vi-fi-le hál-te-chte-len zind ês noH bpis*
Como se chama a próxima estação?	Wie heiβt die nächste Station?	*vi háist di néks-te chta-tsion*
Onde está o mapa?	Wo gibt es eine Karte?	*vô gibt ês ái-ne kár-te*
Este assento está livre?	Ist dieser Sitz frei?	*ist di-zer zits frái*

O Que É Isso?

Use *am* (em, no) para pontos de referência masculinos ou neutros (que usam o artigo *der* ou *das*), use *an der* (na) para os substantivos femininos (*die*). Para uma lista de pontos de referência, veja o Capítulo 7.

Conversa de Táxi

Os táxis são abundantes na Alemanha e podem ser encontrados com frequência nos pontos de táxi, onde os motoristas ficam esperando pelos clientes. A maioria dos táxis na Alemanha é de cor creme com o símbolo amarelo e preto que lhes é próprio. Todos têm taxímetro, de forma que você vai poder visualizar a tarifa quando chegar ao seu destino final. É costume arredondar o valor final para cima, em Euros, por conta da gorjeta, acrescentando ainda um pouco mais se você tiver bagagem pesada ou volumosa. As frases na Tabela 4.4 vão ajudá-lo a chamar um táxi e a se comunicar com o motorista.

Tabela 4.4 Chamando um Táxi

Português	Alemão	Pronúncia
Você poderia chamar um táxi para mim?	Können Sie mir bitte ein Taxi rufen?	*<u>quê</u>-nen zi mir <u>bi</u>-te áin <u>tác</u>-si <u>rru</u>-fen*
Quanto custa até o hotel ...?	Wieviel kostet es zum/zur...?	*<u>vi</u>-fil <u>kos</u>-tet ês tsum/tsur*
Eu quero ir para...	Ich möchte zum/ zur	*iH <u>mêH</u>-te tsum/tsu-ar*
Pare aqui!	Halten Sie hier an!	*<u>hál</u>-ten zi hi-ar an*
Espere por mim!	Warten Sie auf mich!	*<u>vár</u>-ten zi áuf miH*

O Que É Isso?

Se você estiver indo para um determinado lugar na cidade, como um hotel, por exemplo, use *zu* para dizer "para". Use *zum* (que significa "para o") para lugares masculinos ou neutros (palavras com o artigo *der* ou *das)* e *zur* para os lugares femininos (palavras que usam o artigo *die)*. Veja uma lista de lugares de interesse na cidade no Capítulo 7.

Dirigindo um Carro na Alemanha

Se você optar pelo aluguel de um carro, provavelmente vai ficar muito satisfeito com o sistema viário da Europa Central. Contudo, é importante saber que dirigir na Europa pode ser bem diferente do que dirigir em outro país. As ruas costumam ser mais estreitas e o tráfego mais denso e rápido. Muitos sinais de trânsito são totalmente diferentes dos que temos aqui e muitos países europeus têm leis rígidas sobre a preferencial e sobre estacionamento.

Bem-vindo à Alemanha

E por Falar Nisso...

As rodovias alemãs, as *Autobahn*, são conhecidas por não impor um limite máximo de velocidade. Mas calma, ainda não pise fundo no acelerador. Alguns limites variáveis de velocidade são colocados ao longo de quase todos os trechos da pista. Na Áustria e na Suíça, você precisa ter um adesivo especial de pedágio afixado no carro se quiser usar as rodovias.

Procurando um Carro

A maioria das agências mais importantes de aluguel de carros têm filiais na Alemanha e suas lojas estão disponíveis em todos os aeroportos alemães e em muitas das estações de trem. Se você deixar para alugar um carro somente quando estiver na Alemanha, a Tabela 4.5 vai ajudá-lo com frases específicas para isso.

Tabela 4.5 Alugando um Carro

Português	Alemão	Pronúncia
Eu gostaria de ...	Ich möchte...	*iH mêH-te*
alugar um carro	ein Auto mieten	*áin au-to mi-ten*
alugar um (marca do carro)	einen (...) mieten	*ái-nen ... mi-ten*
Eu quero um carro...	Ich möchte ein Auto...	*iH mêH-te áin au-to*
com transmissão automática	mit Automatik	*mit au-to-má-tik*
com transmissão manual	mit Gangschaltung	*mit gang-chál-tung*
Quanto custa...?	Wieviel kostet es...?	*vi-fil kós-tet ês*
por dia	pro Tag	*prô tac*
por semana	pro Woche	*prô vo-He*
por quilômetro	pro Kilometer	*prô qui-lo-mê-ta*
Quanto custa o seguro?	Wievel kostet die Versicherung?	*vi-fil kós-tet di fer-zi-che-rung*
Já está incluída a gasolina?	Ist das inklusive Benzin?	*ist das in-klu-zi-ve ben-tsin*

Continua

Tabela 4.5 Alugando um Carro (continuação)

Português	Alemão	Pronúncia
Vocês aceitam cartão de crédito?	Nehmen Sie Kreditkarten?	*nê-men zi kre-dit-kar-ten*
Vocês enchem o tanque?	Tanken Sie es voll?	*tân-quen zi ês fôl*

Entendendo os Sinais e as Leis de Trânsito

A maioria das placas de trânsito europeias é obscura para os não iniciados, com significados que nem sempre podem ser facilmente interpretados. A Tabela 4.6 vai ajudá-lo a decifrar alguns sinais mais comuns.

Tabela 4.6 Sinais de Trânsito Mais Comuns

Português	Alemão	Pronúncia
alfândega	Zoll	*tsól*
desvio	Umleitung	*um-lái-tung*
via de mão única	Einbahnstraβe	*áin-ban-chtra-sse*
em pista molhada	bei Nässe	*bái né-sse*
gelo na pista	bei Glatteis	*bái glat-áis*
garagem/garagem subterrânea	das Parkhaus/die Tiefgarage	*das park-háus/di tif-ga-ra-ge*
estacionamento	der Parkplatz	*dér park-plats*
com cartão de estacionamento	mit Parkscheibe	*mit park-chái-be*
em dias úteis	an Wochentagen	*an vo-Hen-ta-guen*
nos fins de semana	an Wochenenden	*an vo-Hen-en-den*
domingos e feriados	an Sonn- und Feiertagen	*an zon unt fái-ar-ta-guen*

Em alguns estacionamentos as placas vão indicar que você pode estacionar de graça por certo período de tempo, mas é preciso deixar à mostra no para-brisa um "cartão de estacionamento", ou *Parkscheibe*. (Você pode conseguir um desses cartões de papel azul e branco na loja em que alugou o carro.) Quando estacionar, marque o horário de sua chegada no cartão, arredondando para a próxima meia hora. Ao final do período permitido para estacionamento, espera-se que você já tenha retornado e retirado seu veículo.

Atenção!

Tal como no Brasil, a preferencial da "direita antes da esquerda" é uma lei fundamental do trânsito na Alemanha. Você vai entrar numa fria se não respeitá-la. Quando chegar a uma interseção que não estiver sinalizada, o carro que vem da direita automaticamente tem prioridade sobre o carro que se aproxima pela esquerda. O carro da direita não precisa parar, mesmo que ele não tenha chegado primeiro à interseção.

Pedindo Informações (Mesmo se Você for Homem)

Seja caminhando pela cidade ou tentando encontrar o caminho de carro, é muito provável que mais cedo ou mais tarde você vai ter que pedir informações. (Sim, homens, vocês também podem parar e perguntar!) Se você tentar falar em alemão quando tiver que perguntar aos falantes nativos, com certeza seus esforços serão muito apreciados. Quando estiver viajando por caminhos alternativos ou pouco visitados por turistas, pode ser que falar alemão seja a sua única opção. A Tabela 4.7 vai ajudá-lo quando precisar pedir informações.

Tabela 4.7 Pedindo Informações

Português	Alemão	Pronúncia
Com licença, eu estou procurando por...	Entschuldigung, ich suche...	*ent-chul-di-gung, iH zu-He...*
Você sabe o caminho?	Wissen Sie den Weg?	*vi-ssen zi den vêg*
Este é o caminho para...?	Geht es hier nach/ zu...?	*guêt ês hi-ar naH/tsu...*
siga em frente	geradeaus	*gue-ra-de-aus*
para à esquerda	nach links	*naH links*
para à direita	nach rechts	*naH rechts*
para o norte	nach Norden	*naH nor-den*
para o sul	nach Süden	*naH zü-den*
para o leste	nach Osten	*naH ós-ten*
para o oeste	nach Westen	*naH vés-ten*
vire	Biegen Sie ab!	*bi-guen zi ap*
Dirija/Caminhe até a (primeira rua)!	Fahren/Gehen Sie bis (zur ersten Straβe)!	*fa-Hen/gue-en zi bis (tsu-ar ers-ten chtrá-sse)*
Cruze...!	Überqueren Sie...!	*ü-ber-qve-ren zi...*
Continue dirigindo/ caminhando!	Fahren/Gehen Sie weiter!	*fa-Hen/gue-en zi vái-tar*

Tabela 4.7 Pedindo Informações (continuação)

Português	Alemão	Pronúncia
na interseção	an der Kreuzung	*an dér kRói-tsung*
no semáforo	an der Ampel	*an dér âm-pel*
na placa (de trânsito)	am (Verkehrs-) Schild	*am (fer-kérs) child*

Encontrar o caminho em um país estrangeiro pode ser uma tarefa meio intimidadora, mas viajar na Alemanha não é assim tão difícil após você dominar algumas poucas frases-chave que vão ajudá-lo a se virar e encontrar o meio de transporte de que precisa. Então, relaxe e curta a paisagem!

Capítulo 5

No Hotel

Neste Capítulo

- Hospedando-se na Alemanha
- Fazendo o *check-in*
- Encontrando seu andar
- Andando pelo hotel
- Solicitando o que você precisa
- Boas maneiras

Uma das partes mais empolgantes de qualquer viagem é reservar o hotel onde se vai ficar. A Alemanha, a Áustria e a Suíça ostentam uma ampla cadeia de hotéis, pousadas e hospedarias com os mais variados estilos e preços.

Os hotéis na Alemanha recebem estrelas de acordo com sua classificação, que é baseada em critérios padronizados. Os Centros de Informação ao Turista (chamados de *Touristeninformation* ou *Verkehrsbüro*) podem ajudá-lo a encontrar um hotel que venha de encontro às suas necessidades. Esses Centros estão localizados nos grandes aeroportos, estações de trem e no centro das cidades.

Hospedando-se na Alemanha

As acomodações na Alemanha, Áustria e Suíça variam desde os mais luxuosos hotéis até os mais simples albergues da juventude. Você é quem vai determinar o tipo de alojamento adequado para sua viagem.

Bem-vindo à Alemanha

E por Falar Nisso...

Pessoas de qualquer idade podem se hospedar de maneira barata nos albergues da juventude alemães. A associação oficial dos albergues da juventude na Alemanha é chamada Deutsch Jugendherbergswerrk, ou DJH.

A Tabela 5.1 lista algumas palavras relacionadas com alojamento e hospedagem que vão ajudá-lo a encontrar o melhor lugar para ficar.

Tabela 5.1 Tipos de Alojamento

Português	Alemão	Pronúncia
hotel	das Hotel	*das ho-tel*
hotel que oferece apenas café da manhã	das Hotel Garni	*das ho-tel gar-ni*
hospedaria	das Gästehaus	*das gués-te-háus*
motel	das Motel	*das mo-tel*
pensão	die Pension	*di penzi-on*
albergue da juventude	die Jugendherberge	*di iu-guend-hér-bér-gue*

Bem-vindo à Alemanha

E por Falar Nisso...

Se você se hospedar em um hotel, o café da manhã provavelmente já estará incluso na diária. Às vezes, também é possível fazer as outras refeições no hotel, de acordo com sua conveniência.

Registrando-se e Deixando o Hotel

Depois de escolher o tipo de alojamento, esteja pronto para fazer o registro, o *check-in* no hotel ou pousada desejado. Apesar da maioria dos proprietários e gerentes de hotel falar em inglês – até mesmo nos menores estabelecimentos – é bom dar uma olhada nas frases em alemão que constam da Tabela 5.2.

Tabela 5.2 O *Check-In* e o *Check-Out*

Português	Alemão	Pronúncia
Você tem um quarto (com...) disponível?	Haben Sie ein Zimmer (mit...) frei?	ha-ben zi éin tsi-mar (mit) frái
Qual é o valor (da diária) do quarto?	Wieviel kostet das Zimmer (pro Nacht)?	vi-fil kos-tet das tsi-mar (prô naHt)
A que horas posso fazer o *check-in*?	Um wieviel Uhr kann ich das Zimmer beziehen?	um vi-fil ú-ar kan iH das tsi-mar be-tsi-ên
A que horas devo deixar o quarto?	Um wieviel Uhr muss ich das Zimmer verlassen?	um vi-fil ú-ar mus iH das tsi-mar fer-lá-ssen
número do quarto	Zimmer Nummer	tsi-mar nu-mar

continua

Tabela 5.2 O *Check-In* e o *Check-Out* (continuação)

Português	Alemão	Pronúncia
Em que andar fica...?	Auf welcher Etage ist...?	auf vél-char ê-tá-ge ist
A conta, por favor.	Die Rechnung, bitte.	di réch-nung, bi-te
Posso retirar minha bagagem mais tarde?	Kann ich mein Gepäck später abholen?	kan iH máin gue-péc chpe-tar ap-ho-len
Gostaria de ficar mais uma noite (mais duas noites).	Ich möchte noch eine Nacht (zwei Nächte) bleiben.	iH mêH-te noH ái-ne naHt (tsvái néch-te) blái-ben

"Em Que Andar Fica Meu Quarto?"

Assim como no Brasil, na Alemanha os andares começam a ser numerados a partir do nível da rua. Assim, provavelmente você não terá dificuldade para localizar o seu quarto em um hotel. Mas, caso se confunda, não se preocupe. Use as frases da Tabela 5.3 para pedir ajuda a alguém.

Tabela 5.3 Encontrando Seu Andar

Português	Alemão	Pronúncia
Qual andar, por favor?	Welche Etage, bitte?	*vél-che ê-tá-ge, bi-te*
subsolo	das Untergeschoss	*das un-tar-gue-chós*
térreo	das Erdgeschoss	*das erd-gue-chós*
primeiro andar	der erste Stock	*dér ers-te chtok*
segundo andar	der zweite Stock	*dér tsvái-te chtok*

Explorando o Hotel

Depois que já estiver instalado no seu quarto, talvez queira conferir as instalações do hotel. A Tabela 5.4 vai ajudá-lo a encontrar os lugares e funcionários que quiser.

Tabela 5.4 Perguntando Sobre as Instalações do Hotel

Português	Alemão	Pronúncia
Aqui tem...?	Gibt es...?	*guibt ês*
ar condicionado	eine Klimaanlage	*ái-ne kli-man-an-la-gue*
um bar	eine Bar	*ái-ne bar*
um mensageiro	einen Pagen	*ái-nen pá-gen*
centro de conferência	Konferenzsäle	*kon-fe-rents-zé-le*
um zelador	einen Hausmeister	*ái-nen háus-máis-ter*
um porteiro	einen Portier	*ái-nen por-ti-er*
um elevador	einen Aufzug/ einen Lift	*ái-nen áuf-tsug/ ái-nen lift*
uma academia de ginástica	ein Fitness Center	*áin fit-nes cen-ter*
uma loja de presentes	eine Geschenkboutique	*ái-ne ge-chenk-bu-tik*
serviço de quarto	Zimmerservice	*tsi-mar-ser-vi-ce*
um restaurante	ein Restaurant	*áin res-to-rran*
uma escadaria	ein Treppenhaus	*áin tré-pen-háus*
uma escada	ein Treppe	*éi-ne tré-pe*
uma piscina	ein Schwimmbad	*áin chvim-bad*
um manobrista	einen Wagenmeister	*ái-nen va-guen-máis-tar*

Solicitando o que Você Precisa

Durante a sua estadia em um hotel ou pousada alemães, é provável que você perceba que precisa ou que gostaria de algo a mais. Mesmo que a maioria das instalações seja bem abastecida, você nunca sabe quando vai precisar de um travesseiro extra ou de gelo. A Tabela 5.5 vai facilitar sua vida na hora de expressar suas necessidades e desejos.

Tabela 5.5 Pedidos Especiais

Português	Alemão	Pronúncia
Eu preciso...	Ich brauche...	*iH brau-He...*
ar condicionado	Klimaanlage	*kli-ma-an-la-gue*
um cinzeiro	einen Aschenbecher	*ái-nen a-chen-bé-char*
uma varanda	einen Balkon	*ái-nen bal-kon*
um banheiro	ein Badezimmer	*áin ba-de-tsi-mar*
um cobertor	eine Decke	*ái-ne dé-que*
um secador de cabelos	einen Fön	*ái-nen fên*
um cabide	einen Kleiderhaken	*ái-nen klái-der-há-quen*
uma chave	einen Schlüssel	*ái-nen chlü-ssel*
gelo	Eiswürfel	*áis-vür-fel*
meia-pensão/pensão completa	Halbpension/Vollpension	*halb-pen-zion/fôl-pen-zion*

Continua

Tabela 5.5 Pedidos Especiais (continuação)

Português	Alemão	Pronúncia
água mineral	Mineralwasser	*mi-ne-ral-vá-ssar*
um quarto com vista para o pátio	ein Zimmer zum Hof	*áin tsi-mar tsum hôf*
para o mar	zum Meer	*tsum mer*
para o jardim	zum Garten	*tsum gar-ten*
um travesseiro	ein Kissen	*áin qui-ssen*
um cofre	einen Safe	*ái-nen sêif*
um chuveiro	eine Dusche	*ái-ne du-che*
um quarto simples / duplo	ein einzelzimmer/Doppelzimmer	*áin ain-tsel-tsi-mar/ do-pel-tsi-mar*
um telefone	ein Telefon	*áin tê-le-fon*
uma televisão	einen Fernseher	*ái-nen fern-zê-ar*
lenços de papel	Taschentücher	*ta-chen-tü-cha*
papel higiênico	Toilettenpapier	*toi-lé-ten-pa-pi-ar*
uma toalha de mão	ein Handtuch	*áin hand-tuH*
uma toalha de banho	ein Badetuch	*áin ba-de-tuH*
um transformador	einen Trafo	*ái-nen tra-fo*

Bem-vindo à Alemanha

E por Falar Nisso...

Os restaurantes e hotéis sempre incluem a taxa de serviço na conta, o que já é suficiente como gorjeta. No entanto, você deve dar 1 Euro de gorjeta aos porteiros e carregadores de mala por cada serviço prestado e é costume deixar 1 Euro por noite para o pessoal da limpeza. Se você considerar que o serviço prestado por um atendente ou recepcionista foi excepcionalmente bom, você também pode dar-lhe gorjeta, apesar de não ser necessário.

Lembre-se das Boas Maneiras

Independentemente de onde ou por qual motivo você esteja viajando, lembre-se de que está representando seu país. Muitas vezes, os povos acabam criando estereótipos uns dos outros e muitas vezes têm imagens negativas de estrangeiros. É claro que você não quer que o seu país seja mal visto, então lembre-se das frases da Tabela 5.6 para causar uma boa impressão nos alemães que entrarem em contato com você.

Tabela 5.6 Cortesia

Português	Alemão	Pronúncia
Com licença/ desculpe.	Entschuldigung.	*ent-chul-di-gung*
Por favor.	Bitte.	*bi-te*
Obrigado.	Danke./Danke schön.	*Dan-que/Dan-que-chên*
Muito obrigado.	Vielen Dank.	*fi-len dank*
De nada.	Bitte.	*bi-te*
Foi um prazer.	Gern geschehen.	*guérn gue-che-ên*

Os hotéis e pousadas na Alemanha oferecem uma vasta gama de opções de acomodação. Seja qual for o tipo de alojamento que escolher, as frases inclusas neste capítulo vão ajudar você a lidar com qualquer situação que vier a encontrar nesses lugares.

Capítulo 6

Coisinhas Básicas: Clima, Horas e Datas

Neste Capítulo

- Conversando sobre o tempo
- Aprendendo os dias da semana
- Os meses e as estações
- Como perguntar e dizer qual é a data

Você deve estar preparado para discutir determinados temas, independentemente do destino de sua viagem. Se os seus passeios o levarem para a Alemanha, Japão ou Etiópia, você precisa ser capaz de comunicar-se sobre datas e tempo.

O Que Você Deve Esperar

O clima na Alemanha, Áustria e Suíça é muito diferente do que temos no hemisfério sul. Além das estações serem invertidas, lá há muita variação de região para região. Mas tal como aqui, às vezes, o clima pode ser bem imprevisível. Por isso, certifique-se de incluir capa de chuva e guarda-chuva na sua bagagem, além de um bom conjunto de roupas de frio.

A Tabela 6.1 traz várias frases que vão ajudá-lo a falar sobre o clima com segurança.

Tabela 6.1 Expressões Sobre o Clima

Português	Alemão	Pronúncia
Como vai ficar o tempo (amanhã)?	Wie ist das Wetter (morgen)?	*vi ist das vé-tar (mór-guen)*
O tempo está bom.	Das Wetter ist schön.	*das vé-tar ist chên*
Está bom.	Es ist schön.	*ês ist chên*
Está (muito) quente.	Es ist (zu) heiβ.	*ês ist (tsu) háis*
Está ensolarado.	Es ist sonnig.	*ês ist zo-niH*
Está ruim.	Es ist schlecht.	*ês ist chléHt*
(Não) está frio.	Es ist (nicht) kalt.	*ês ist (nicht) kált*
Está fresco.	Es ist kühl.	*ês ist kül*
Está nublado.	Es ist neblig.	*ês ist nê-bliH*
Está ventando.	Es ist windig.	*ês ist vin-diH*
Está encoberto.	Es ist bedeckt.	*ês ist be-déct*
Está chovendo.	Es regnet.	*ês rêg-net*
Está nevando.	Es schneit.	*ês chnáit*
Nevou.	Es hat geschneit.	*ês hat gue-chnáit*
Está úmido.	Es ist schwül.	*ês ist chvül*
Está caindo granizo.	Es hagelt.	*ês ha-guelt*
Há relâmpagos e trovoadas.	Es donnert und blitzt.	*ês dô-nert unt blitst*

Tabela 6.1 Expressões Sobre o Clima (continuação)

Português	Alemão	Pronúncia
Vai haver uma tempestade.	Es gibt ein Gewitter.	*ês gibt áin gue-vi-tar*
Qual é a temperatura?/ Quantos graus está fazendo?	Wieviel Grad ist es?	*vi-fil grad ist ês*
40 graus	Es ist vierzig Grad.	*ês ist fi-ar-tsish grad*
menos 10 graus	Es ist minus zehn Grad.	*ês ist mi-nus tsen grad*

Uma boa notícia é que em toda a Europa, tal como no Brasil, as temperaturas são medidas em graus Celsius, o que vai facilitar a compreensão por parte do turista brasileiro.

Dias da Semana

Os dias da semana e o clima estão definitivamente interligados. Afinal de contas, quantas vezes você pergunta como vai estar o tempo num dia específico da semana? Vai fazer calor no domingo? Vai chover na quarta?

A Tabela 6.2 vai lhe ensinar a falar os dias da semana. A abreviatura que é comumente usada para cada dia está entre parênteses após o nome do dia em alemão.

Tabela 6.2 Dias da Semana

Português	Alemão	Pronúncia
segunda-feira	Montag (Mo)	*mon-tag*
terça-feira	Dienstag (Di)	*dins-tag*
quarta-feira	Mittwoch (Mi)	*mit-voH*
quinta-feira	Donnerstag (Do)	*dô-nêrs-tag*
sexta-feira	Freitag (Fr)	*frái-tag*
sábado	Samstag (Sa)	*zams-tag*
domingo	Sonntag (So)	*zon-tag*

Bem-vindo à Alemanha

E por Falar Nisso...

A segunda-feira e não o domingo, é considerada como sendo o primeiro dia da semana. Nas agendas e calendários, é sempre a segunda-feira que aparecerá como o primeiro dia.

Meses e Estações do Ano

Tais como os dias da semana, os meses também mantêm uma estreita conexão com o clima. Por exemplo, vai ser muito importante para você saber se em dezembro neva muito na região da Alemanha que estará visitando ou se chove muito nos meses de outono.

Para ajudar você a fazer perguntas a respeito, listamos os meses do ano na Tabela 6.3 e as estações na Tabela 6.4.

Tabela 6.3 Meses do Ano

Português	Alemão	Pronúncia
janeiro	Januar	*ia-nu-ar*
fevereiro	Februar	*fê-bruar*
março	März	*mérts*
abril	April	*a-pril*
maio	Mai	*mai*
junho	Juni	*iu-ni*
julho	Juli	*iu-li*
agosto	August	*ó-gust*
setembro	September	*zep-tem-bar*
outubro	Oktober	*ôk-to-bar*
novembro	November	*no-vêm-bar*
dezembro	Dezember	*dê-tsem-bar*

A grafia dos meses em alemão é parecida com o português, o que deve ajudar bastante, mas preste atenção na pronúncia, que é diferente, e também no fato de serem escritos com letra maiúscula.

Tabela 6.4 Estações do Ano

Português	Alemão	Pronúncia
primavera	Frühling	*frü-ling*
verão	Sommer	*zo-mar*
outono	Herbst	*hérbst*
inverno	Winter	*vin-tar*

Provavelmente você não vai ter dificuldades em reconhecer as frases e palavras em alemão referente aos meses do ano. Agora vamos passar adiante e falar sobre datas e horários.

Que Dia É Hoje, Por Favor?

Nos países de língua alemã, provavelmente você vai ver as datas escritas no formato 13.05.2012 ou 17.11.2012. Tal como em português, os alemães escrevem primeiro o dia, seguido pelo número referente ao mês e os últimos dois ou quatro dígitos se referem ao ano, usando pontos para separar o dia, o mês e o ano. Na Tabela 6.5 você verá como perguntar sobre a data.

Tabela 6.5 Perguntando Sobre Datas

Português	**Alemão**	*Pronúncia*
Que dia é hoje?	Welcher Tag ist heute?	*vél-cher tag ist hói-te*
Que data é hoje?	Welches Datum ist heute?	*vél-ches dá-tum ist hói-te*
Hoje é dia (primeiro de maio)?	Ist heute der (erste Mai)?	*ist hói-te dér (ers-te mai)*

Você também tem que estar preparado para responder em caso de alguém lhe perguntar que data é ou se lhe perguntarem em que dia será um determinado evento. Na Tabela 6.6 oferecemos algumas frases que você pode usar para dar essas informações.

Tabela 6.6 Dizendo a Data

Português	Alemão	Pronúncia
Hoje é (dois de maio).	Heute ist der (zweite Mai)./ Wir haben heute den (zweiten Mai).	*hói-te ist dér (tsvái-te mai)/ví-ar ha-ben hói-te den (tsvái-ten mai)*
3 de maio de 1982	dritter Mai neunzehnhundertzweiundachtzig	*dri-ter mai nóin-tsen-hun-dert-tsvái-und-ácht-tsich*
04/05/2008	vierter fünfter zweitausendacht	*fir-ter fünf-ter tsvái-táu-zend-aHt*
em cinco de maio de 2009	am fünften Mai zweitausendneun	*am fünf-ten mai tsvái-tau-zend-nóin*

Para dizer a data em alemão, você precisa usar os *números ordinais*, apresentados na Tabela 6.7. Para transformar a maioria dos números até 20 de um número cardinal, tal como *vier* (quatro), em um número ordinal, é preciso apenas acrescentar *-ter* ao final do número. De 20 em diante, acrescente *-ster*.

O Que É Isso?

Números ordinais são aqueles usados para indicar a ordem de alguma coisa. *Primeiro, segundo, terceiro, quarto* e assim por diante, são números ordinais.

Tabela 6.7 Números Ordinais

Português	Alemão	Pronúncia
primeiro	ers**ter**	*ers-ter*
segundo	zwei**ter**	*tsvái-ter*
terceiro	drit**ter**	*dri-ter*
quarto	vier**ter**	*fir-ter*
quinto	fünf**ter**	*fünf-ter*
sexto	sechs**ter**	*zecs-ter*
sétimo	sieb**ter**/sieben**ter**	*zib-ter/zi-ben-ter*
oitavo	ach**ter**	*aH-ter*
nono	neun**ter**	*nóin-ter*
décimo	zehn**ter**	*tsen-ter*
vigésimo	zwanzig**ster**	*tsvân-tsigs-ter*
vigésimo primeiro	einundzwangzig**ster**	*áin-und-tsvân-tsigs-ter*
vigésimo segundo	zweiundzwangzig**ster**	*tsvái-und-tsvân-tsigs-ter*
trigésimo	dreiβig**ster**	*drái-ssigs-ter*

Dizendo as Horas, no Estilo Alemão

Na Europa, tal como no Brasil, se usa comumente o sistema de 24 horas por dia, especialmente para finalidades oficiais tais como horários de voos, convites ou consultas médicas.

Meia-noite se escreve 0:00 ou 24:00. Meio-dia é 12:00. Veja na Tabela 6.8 como falar as horas do dia.

Tabela 6.8 Falando Sobre as Horas do Dia

Português	Alemão	Pronúncia
É uma hora.	Es ist ein Uhr.	*ês ist áin ú-ar*
São 2h05min.	Es ist zwei Uhr fünf.	*ês ist tsvái ú-ar fünf*
São duas e cinco.	Es ist fünf nach zwei.	*ês ist fünf naH tsvái*
São 3h10min.	Es ist drei Uhr zehn.	*ês ist drai ú-ar tsen*
São três e dez.	Es is zehn nach drei.	*ês ist tsen naH drai*
São 3h15min.	Es ist drei Uhr fünfzehn.	*ês ist drai ú-ar fünf-tsen*
São três mais um quarto.	Es ist Viertel nach drei.	*ês ist fí-ar-tel naH drai*
São 4h30min.	Es ist vier Uhr dreiβig.	*ês ist fí-ar ú-ar drai-ssich*
São quatro e meia.	Es ist halb fünf.	*ês ist halb fünf*
São 5h45min.	Es ist fünf Uhr fünfund-fünfzig.	*ês ist fünf ú-ar fünf-und- fünf-tsich*
Quinze para as seis.	Es ist Viertel vor sechs.	*ês ist fí-ar-tel fór zécs*
São 6h50min.	Es ist sechs Uhr fünfzig.	*ês ist zécs ú-ar fünf-tsich*
Faltam dez para as sete.	Es ist zehn vor sieben.	*ês ist tsen fór si-ben*
É meio-dia.	Es ist Mittag.	*ês ist mi-tag*
É meia-noite.	Es ist Mitternacht.	*ês ist mi-ter-naHt*

Perceba que em alemão, quando se trata da meia hora, fala-se na próxima hora cheia, por exemplo, *halb sechs*= 5h30min, *halb sieben*= 6h30min, *halb drei*= 2h30min e assim em diante.

É muito importante saber perguntar e informar que horas são. Também é recomendável saber as expressões que se referem a tempo, tais como "a noite passada", "daqui a uma semana" e "antes de ontem". Na Tabela 6.9, você verá muitas dessas expressões que podem vir a calhar quando você precisar.

Tabela 6.9 Expressões de Tempo

Português	Alemão	Pronúncia
hoje	heute	*hói-te*
amanhã	morgen	*mór-guen*
hoje à noite	heute Abend/ heute Nacht	*hói-te a-bend/hói-te naHt*
ontem	gestern	*gués-tern*
(três dias) atrás	vor (drei Tagen)(+Dat.)	*fór (drai ta-guen)*
depois de amanhã	Übermorgen	*ü-ber-mór-guen*
anteontem	vorgestern	*for-gués-tern*
o dia	der Tag	*dér tag*
à tarde/ao anoitecer	der Abend	*dér a-bend*
à noite	die Nacht	*di naHt*
durante	während (+Gen.)	*vé-rend*
de (quinta-feira) até (sexta-feira)	von (Dienstag) bis (Freitag)(+Dat.)	*fon (dins-tag) bis (frai-tag)*
por (três dias)	seit (drei Tagen) (+Dat.)	*záit (drai ta-gen)*
uma hora	eine Stunde	*ái-ne chtun-de*
em (três dias)	in (drei Tagen)(+Dat.)	*in (drai ta-gen)*
último/última	letzten/letzte/letztes	*lets-ten/lets-te/lts-tes*

Continua

Tabela 6.9 Expressões de Tempo (continuação)

Português	Alemão	Pronúncia
ontem à noite	gestern Abend	*gués-tern a-bend*
o mês	der Monat	*dér mô-nat*
próximo	nächste	*néks-te*
o dia seguinte	der nächste Tag	*dér néks-te tag*
no dia seguinte	am nächsten Tag	*am néks-ten tag*
desde (segunda-feira)	seit (Montag)(+Dat.)	*záit (môn-tag)*
a semana	die Woche	*di vo-He*
o fim de semana	das Wochenende	*das vo-He-nen-de*
daqui a uma semana	heute in einer Woche	*hói-te in ái-nar vó-He*
o ano	das Jahr	*das iar*

As preposições sempre requerem o uso de um determinado caso gramatical (veja o Capítulo 15 com mais informações sobre preposições). Para expressões de tempo, as preposições *vor, seit* e *in* pedem o uso do dativo, mas *während* exige o uso do genitivo. A Tabela 6.10 vai ajudá-lo a identificar o caso a ser usado.

Bem-vindo à Alemanha

E por Falar Nisso...

Há uma distinção entre as palavras *Abend* e *Nacht* em alemão. *Nacht* ou noite, se refere ao tempo em que a maioria das pessoas está dormindo. A palavra para o período após o entardecer, quando já está escuro, mas a maioria das pessoas ainda está acordada se chama *Abend*.

Tabela 6.10 Casos Gramaticais que Acompanham as Preposições

	Dativo	Genitivo
masculino, singular	vor/seit/in **einem** Tag **dem** Abend	während **eines** Tag**es** **des** Abend**s**
feminino, singular	vor/seit/in **einer** Woche **der** Nacht	während **einer** Woche **der** Nacht
neutro, singular	vor/seit/in **einem Jahr** **dem** Wochenende	während **eines** Jahr**es** **des** Wochenende**s**
plural	vor/seit/in drei Stunde**n** **den** Wochenende**n**	während drei Stunde**n** **der** Wochenende**n**

Como você pode ver, o caso gramatical geralmente indica se você tem que usar *ein* (um) ou *der, die, das* (o, a) após a preposição.

Agora você já está preparado para conversar sobre o tempo, os dias da semana, os meses, as estações do ano, as datas, então é hora de mudar de assunto e falar sobre coisas mais leves e divertidas – vamos passear e descobrir os pontos turísticos e as belezas da Alemanha.

Capítulo 7

Vamos Sair e Conhecer os Pontos Turísticos

Neste Capítulo

- Perguntando sobre os pontos turísticos
- Se informando sobre os lugares que quer visitar
- Pronunciando nomes de países e de cidades
- Indo a eventos esportivos
- Expressando sua opinião

Quer você esteja na Alemanha, na Áustria ou na Suíça a trabalho ou a passeio, com certeza vai querer visitar algumas das fascinantes atrações que esses países têm para oferecer.

Há castelos e catedrais com mais de mil anos de história, bem como museus, jardins, mercados de pulgas e festivais. Se você tiver oportunidade, visite o maior número de lugares especiais que puder.

Fazendo as Perguntas Certas

Para encontrar os pontos turísticos que quer visitar, você precisa conhecer algumas frases importantes para perguntar sobre lugares, tickets, entradas e assim por diante. Essas frases estão listadas na Tabela 7.1.

Tabela 7.1 Perguntas Gerais Sobre Lugares Turísticos

Português	Alemão	Pronúncia
O que tem para se ver?	Was gibt es da zu sehen?	*vas guibt ês da tsu ze-en*
A que horas abre (fecha)?	Um wieviel Uhr öffnet (schließt) es?	*um vi-fil ú-ar êf-net (chlist) ês*
Onde posso comprar os ingressos (para)?	Wo kann ich Karten (für)...kaufen?	*vô kan iH kar-ten (für) ... kau-fen?*
Quanto custa a entrada?	Wieviel kostet der Eintritt?	*vi-fil kós-tet dér áin-trit*
para crianças	für Kinder	*für kin-dar*
Qual a idade da criança?	Wie alt ist das Kind?	*vi alt ist das kint*
(sete) anos de idade	(sieben) Jahre alt	*(zi-ben) ia-rre alt*
Posso tirar fotos?	Darf man Fotos machen?	*darf man fo-tos ma-Hen*
Queria uma visita guiada (em português).	Ich möchte eine Führung (auf Portuguiesisch).	*iH mêH-te ái-ne fü-rung (auf por-tu-gui-zish)*
Eu gostaria/Nós gostaríamos de ver...	Ich möchte/ Wir möchten...sehen.	*iH mêH-te/ví-ar mêH-ten...ze-ên*

Tabela 7.1 Perguntas Gerais Sobre Lugares Turísticos (continuação)

Português	Alemão	Pronúncia
Você gostaria de ir lá (para)...?	Möchten Sie dorthin (zum/zur...) gehen?	*mêH-ten zi dórt-Hin (tsum/tsu-ar...)gue-ên*
Você gostaria de ver (aquilo)?	Möchten Sie (das) sehen?	*mêH-ten zi (das) ze-ên*
O que você acha (disso)?	Wie finden Sie (es)?	*vi fin-den zi (ês)*
exibição (especial)	die (Sonder) Ausstellung	*di (zon-der) aus-chte-lung*

"Como Faço Para Chegar a...?"

Dependendo dos seus interesses e da disponibilidade de tempo e dinheiro, você vai escolher diferentes lugares para visitar e explorar. Muitos pontos turísticos valem a pena ser vistos, bem como muitas cidades fascinantes e eventos esportivos emocionantes.

Pontos Turísticos

Os pontos turísticos que você pode querer ver e as frases para perguntar como encontrá-los estão listados na Tabela 7.2.

Tabela 7.2 Pontos Turísticos Comuns

Português	Alemão	Pronúncia
Onde posso conseguir um mapa?	Wo kann ich eine Karte bekommen?	*vô kan iH ái-ne kar-te be-ko-men*
Qual o caminho...?	Wie geht es...?	*vi guêt ês...*
Você sabe o caminho...?	Kennen Sie den Weg...?	*que-nen zi den vêg*
Eu gostaria de ir ...	Ich möchte...	*iH mêH-te...*
ao parque de diversões	zum Vergnügungspark	*tsum férg-nü-gungs-park*
à praia	zum Strand	*tsum chtrand*
à festa popular/ romaria	zum Jahrmarkt/zur Kirmes	*tsum iar-markt/tsu-ar quir-mês*
ao castelo (medieval)	zum Schloβ (zum Burg)	*tsum chlós (tsum burg)*
à catedral	zum Dom/zum Münster	*tsum dom/tsum müns-ter*
à igreja	zur Kirche	*tsu-ar quir-che*
ao circo	zum Zirkus	*tsum tsir-cus*
ao mercado de pulgas	zum Flohmarkt	*tsum flô-markt*
à fonte	zum Brunnen	*tsum bru-nen*
ao jardim	zum Garten	*tsum gar-ten*
ao shopping-center	zum Einkaufszentrum	*tsum áin-kaufs-tsen-trum*
ao cinema	zum Kino	*tsum qui-no*
ao museu	zum Museum	*tsum mu-ze-um*
à casa noturna	zum Bar /zur Disko	*tsum bar/tsu-ar dis-co*

Tabela 7.2 Pontos Turísticos Comuns (continuação)

Português	Alemão	Pronúncia
à opera	zur Oper	*tsu-ar ô-par*
ao bar	zur Kneipe	*tsu-ar knai-pê*
à praça	zum Platz	*tsum plats*
ao restaurante	zum Restaurant	*tsum res-to-rran*
ao teatro	zum Theater	*tsum tê-a-tar*
ao centro de informações turísticas	zum Verkehrsamt/zur Touristeninformation	*tsum fer-kérs-âmt/ tsu-ar tu-rris-ten-in-for-ma-tsion*
ao zoológico	zum Zoo/zum Tiergarten	*tsum tsô/tsum ti-ar-gar-ten*

Bem-vindo à Alemanha

E por Falar Nisso...

As praças públicas, tal como as ruas, geralmente têm nome bem definido. Portanto, seja claro sobre qual praça você quer visitar. Por exemplo, diga *"Zum Marktplatz, bitte"* (para a praça do mercado, por favor) *ou "Zum Schillerplatz, bitte"* (para a Praça Schiller, por favor).

A preposição *zu* (para) sempre é seguida pelo caso dativo. Quando você quiser dizer "para o ou para a ", contraia *zu* com o artigo *dem* ou *der*, respectivamente. A Tabela 7.3 apresenta alguns exemplos.

Tabela 7.3 Uso Da Preposição *zu* Com O Dativo

	Forma contraída de zu + artigo definido	zu + artigo indefinido
masculino	zum	*zu einem*
feminino	zur	*zu einer*
neutro	zum	*zu einem*
plural	zu den	*zu*

Cidades e Países

Se perguntar a alguém que fale alemão como fazer para chegar a Munique, é muito provável que a pessoa não entenda onde você está querendo chegar devido às grandes diferenças que existem entre o nome em português da cidade e o seu nome em alemão. A Tabela 7.4 vai ajudá-lo a achar o caminho rumo a algumas das lindas cidades da Alemanha, Áustria e Suíça.

Tabela 7.4 Nomes de Lugares

Português	Alemão	Pronúncia
Áustria	Österreich	*<u>ês</u>-ter-ráich*
Colônia	Köln	*quêln*
Brunswick	Braunschweig	*braunsh-vaik*
Alemanha	Deutschland	*<u>dóitch</u>-lant*
Munique	München	*<u>mün</u>-chen*

Tabela 7.4 Nomes de Lugares (continuação)

Português	Alemão	Pronúncia
Suíça	die Schweiz	*di chváits*
Viena	Wien	*vin*
Zurique	Zürich	*tsü-rich*

Eventos Esportivos

Os alemães gostam muito de esportes e instalações esportivas estão espalhadas por todo o país. Mais de 2 milhões de pessoas trabalham voluntariamente como treinadores e juízes na Federação Alemã de Desportos (*Deustcher Sportbund*), que organiza e dirige grupos esportivos por toda a Alemanha. O futebol é especialmente popular. Na Tabela 7.5 veja frases relacionadas a atividades recreativas e eventos esportivos.

Tabela 7.5 Esportes e Atividades Recreativas

Português	Alemão	Pronúncia
corrida automobilística	das Autorennen	*das au-to-rrê-nen*
corrida de bicicleta	das Radrennen	*das rad-rrê-nen*
trilha para caminhada	der Wanderweg	*dér vân-der-vêg*
corrida de cavalos	das Pferderennen	*das pfér-de-rrê-nen*
trilha de esqui	die Loipe	*di lói-pe*
pista de esqui	die Skipiste	*di chi-pis-te*
clube de (futebol)	der Fuβballverein	*dér fus-bal fér-ain*
jogo de (futebol)	das Fuβballspiel	*das fus-bal chpil*
estádio	das Stadion	*das chta-di-on*

Então, O Que Você Achou?

Você já viu os lugares interessantes e agora quer expressar sua opinião sobre os lugares que visitou. As frases na Tabela 7.6 vão lhe ensinar como.

Tabela 7.6 Expressando Opiniões

Português	Alemão	Pronúncia
mais ou menos	Es geht	ês guêt...
chato	langweilig	lang-vai-lich
(muito) bom	(sehr) gut	(zér) gut
maravilhoso	wunderbar	vun-der-bar
Não gostei (disso).	(Es) gefällt mir nicht.	(ês) guê-félt mir nicht
(isso) Não me interessou.	(Es) interessiert mich nicht.	(ês) in-ter-re-ssi-art mich nicht

Não importa se você gosta mais de eventos culturais, monumentos históricos ou eventos esportivos, sempre vai haver muita coisa para ver e fazer na Alemanha. No próximo capítulo, você vai aprender frases que vão ajudá-lo com outro tipo de aventura na Alemanha - comer.

Capítulo 8

Já Está Na Hora de Comer?

Neste Capítulo:

- Os diferentes tipos de lojas
- Reservando uma mesa
- Comida, comida e mais comida
- Não erre na hora de pedir
- Drinques e bebidas
- Terminando a refeição

O que seriam das férias sem aquelas memoráveis refeições? Para chegar a elas, no entanto, você precisa saber aonde ir e como fazer o pedido dos pratos que deseja.

Uma Variedade de Lojas e Restaurantes

A Alemanha tem uma variedade maravilhosa de estabelecimentos voltados para a alimentação, com uma ampla oferta de comidas, bebidas e especialidades que você vai querer experimentar. A Tabela 8.1 mostra os tipos de lojas que você vai encontrar. Perceba que as palavras *Laden, Handlung* e *Geschäft* significam "loja" e, na maioria das vezes, podem ser usadas indiscriminadamente.

Tabela 8.1 Tipos de Estabelecimentos Comerciais

Português	Alemão	Pronúncia
padaria	die Bäckerei	*di bé-que-rrai*
açougue	die Metzgerei	*di mets-gue-rrai*
doceria/loja de doces	die Süsswarenhandlung	*di züs-va-ren-hand-lung*
cafeteria	das Café	*das ca-fe*
peixaria	das Fischgeschäft	*das fish-guê-chéft*
mercearia	der Lebensmittelladen	*dér le-bens-mi-tel-la-den*
sorveteria	die Eisdiele	*di ais-di-le*
adega	die Weinhandlung	*di vain-hand-lung*
confeitaria	die Konditorei	*di kon-di-to-rrai*
bar	die Kneipe	*di knai-pe*
restaurante	das Restaurant/das Gasthaus	*das res-to-rran/das gast-haus*
loja de iguarias finas/ produtos importados	der Delikatessladen	*dér de-li-ka-tes-la-den*
supermercado	der Supermarkt	*dér zu-par-markt*

Bem-vindo à Alemanha

E por Falar Nisso...

Apesar de existirem lojas especializadas na venda de bebidas alcoólicas como vinhos e cervejas, esses produtos também podem ser comprados em supermercados.

"Uma Dúzia de Ovos, Por Favor"

Com certeza, você vai querer adquirir alguma coisa nas lojas que visitar. As Tabelas 8.2 e 8.3 vão lhe mostrar como dizer ao atendente o que você quer especificamente.

Tabela 8.2 Sendo Atendido

Português	Alemão	Pronúncia
Posso ajudá-lo?	Kann ich Ihnen helfen?	*kan iH i-nen hél-fen*
O que você gostaria?	Sie wünschen?/ Was darf es sein?	*zi vün-chen/vas darf ês zain*
Eu gostaria...por favor.	Ich möchte...bitte/ Ich hätte gerne...	*iH mêch-te...bi-te/iH hé-te guér-ne...*
Quanto custa...?	Wieviel kostet...?	*vi-fil kós-tet...*
Quanto custam...?	Wieviel kosten...?	*vi-fil kós-ten...*

Tabela 8.3 Embalagens e Quantidades

Português	Alemão	Pronúncia
um saco de	eine Tüte	*ái-ne tü-te*
uma garrafa de	eine Flasche	*ái-ne fla-che*
uma caixa de	eine Schachtel	*ái-ne chaH-tel*
uma lata de	eine Dose	*ái-ne do-ze*
um dúzia	eine Dutzend	*ái-ne du-tsend*
um vidro de	ein Glas	*áin glas*
um pacote de	eine Packung	*ái-ne pá-kung*
um pedaço de	ein Stück	*áin chtük*

continua

Tabela 8.3 Embalagens e Quantidades (continuação)

Português	Alemão	Pronúncia
uma libra de	ein Pfund (500 g)	*áin pfunt*
um quilo de	ein Kilo (1 kg)	*áin <u>qui</u>-lo*
um litro de	ein Liter (1 l)	*áin <u>li</u>-tar*
uma fatia de	eine Scheibe	*<u>ái</u>-ne <u>chai</u>-be*

Fazendo Reservas

A Tabela 8.4 lista algumas frases que você precisa saber na hora de reservar sua mesa. No Capítulo 6, você pode fazer uma revisão dos números e dias da semana, se precisar.

Tabela 8.4 Fazendo uma Reserva

Português	Alemão	Pronúncia
Gostaria de reservar uma mesa...	Ich möchte einen Tisch reservieren.	*iH <u>mêch</u>-te <u>ái</u>-nen tich re-zer-<u>vi</u>-ren*
para duas pessoas.	für zwei Personen.	*für tsvái per-<u>zo</u>-nen*
para dia 3 de junho.	am dritten Juni.	*am <u>dri</u>-ten <u>iu</u>-ni*
às 19 horas.	um neunzehn Uhr.	*um <u>nóin</u>-tsen u-ar*
no terraço, por favor.	auf der Terrasse, bitte.	*auf dér te-<u>rra</u>-sse, <u>bi</u>-te*
dentro, por favor.	innen, bitte.	*<u>i</u>-nen, bi-te*

Atenção!

Nem todos os restaurantes aceitam cartão de crédito, por isso, será mais seguro levar consigo dinheiro suficiente para cobrir o custo da sua refeição. (Veja a Tabela 8.17 para saber como fazer perguntas a respeito de cartões de crédito.)

Gostaria de Beber Algo?

Na Alemanha, bem como em alguns outros países europeus, as pessoas geralmente fazem uma pausa para o café por volta das 16h. As cafeterias são muito populares na Alemanha e mais ainda na Áustria, em especial, em Viena. E você com certeza já sabe que os alemães apreciam muito a cerveja, especialmente aquelas fabricadas localmente. A Tabela 8.5 vai lhe dar o vocabulário necessário para você poder matar sua sede.

Tabela 8.5 Bebidas

Português	Alemão	Pronúncia
cerveja	das Bier	*das bi-ar*
champanhe	der Champagner/der Sekt	*dér cham-pag-nhier/dér zéct*
café	der Kaffe	*der ca-fe*
refrigerante	das Erfrischungsgetränk	*das er-fri-chuns-gue-trenk*
	die Limonade	*di li-mo-na-de*
	das Cola	*das co-la*
	die Limo	*di li-mo*

continua

Tabela 8.5 Bebidas (continuação)

Português	Alemão	Pronúncia
suco	der Saft	*dér zaft*
chocolate quente	der Kakao	*dér ka-kao*
leite	die Milch	*di milch*
água mineral com gás	das Sprudelwasser	*das chpru-del-vá-ssar*
água mineral sem gás	das stille Wasser	*das chti-le vá-ssar*
soda com sabor de limão	die Limonade	*di li-mo-na-de*
chá (quente)	der Tee	*dér tê*
vinho	der Wein	*dér vain*
vinho tinto	der Rotwein	*dér rrôt-vain*
vinho branco	der Weiβwein	*dér vais-vain*
vinho rosé	der Rosé	*dér rro-zê*

Bem-vindo à Alemanha

E por Falar Nisso...

Com exceção da água vendida em garrafas, geralmente não há água à disposição nos restaurantes alemães. Você pode até pedir para comprar água, mas ela não vai estar no menu.

Comidas de Todos os Tipos

Tabela 8.6 Pratos à Base de Ovos

Português	Alemão	Pronúncia
ovo frito	das Spiegelei	*das chpi-guel-ái*
omelete	das Omelett	*das ôm-lét*
sanduíche aberto de presunto com ovo frito	der stramme Max	*der chtra-me macs*
panqueca	der Pfannkuchen	*dér pfân-ku-Hen*
ovos mexidos	das Rühreì	*das rür-ai*
ovo quente	das weich gekochte Ei	*das vaich gue-cóH-te ai*

Tabela 8.7 Frutas

Português	Alemão	Pronúncia
maçã	der Apfel	*dér ap-fel*
damasco	die Aprikose	*di a-pri-kô-ze*
banana	die Banane	*di ba-na-ne*
mirtilo	die Heidelbeere	*di hái-del-bê-rre*
cereja	die Kirsche	*di quir-che*
coco	die Kokosnuβ	*di ko-kos-nuss*
uva	die Traube	*di trau-bê*
limão	die Zitrone	*di tsi-trô-nê*
laranja	die Orange	*di ô-rrang*
pêssego	der Pfirsich	*dér pfir-ziH*
pera	die Birne	*di bir-ne*
abacaxi	die Ananas	*di a-na-nas*

continua

Tabela 8.7 Frutas (continuação)

Português	Alemão	Pronúncia
ameixa	die Pflaume	*di pflau-me*
uva passa	die Rosine	*di rô-zi-ne*
framboesa	die Himbeere	*di him-bê-rre*
morango	die Erdbeere	*di erd-bê-rre*
tangerina	die Mandarine	*di man-da-ri-ne*
tomate	die Tomate	*di to-ma-te*
melancia	die Wassermelone	*di vá-ssar-me-lo-ne*
melão	die Melone	*di me-lo-ne*

Tabela 8.8 Vegetais

Português	Alemão	Pronúncia
aspargo	der Spargel	*dér chpár-guel*
feijão	die Bohnen	*di bô-nen*
pimentão	der paprika	*dér pa-pri-ka*
brócolis	der Brokkoli	*dér bro-co-li*
cenouras	die Karotten	*di ka-rro-ten*
repolho	der Kohl	*dér kôl*
chucrute de repolho branco	das Sauerkraut	*das zau-ar-craut*
chucrute de repolho roxo	das Rotkraut	*das rrôt-craut*
couve flor	der Blumenkohl/der Karfiol	*dér blu-men-kôl/der kar-fiol*
salsão	der Sellerie	*dér ze-le-rri*

Tabela 8.8 Vegetais (continuação)

Português	Alemão	Pronúncia
pepino	die Gurke	*di gur-que*
milho	der Mais	*dér ma-is*
berinjela	die Aubergine	*di ô-ber-gi-ne*
alface	der Salat	*dér za-lat*
cogumelo	der Pilz/der Champignon	*dér pilts/ dér cham-pi-nhôn*
cebola	die Zwiebel	*di tsvi-bel*
ervilhas	die Erbsen	*di erb-zen*
batata	die Kartoffel/ der Erdapfel	*di kar-to-fel/dér erd-ap-fel*
batata frita	die Pommes frites	*di pôm frits*
purê de batatas	das Kartoffelpüree	*das kar-to-fel-pü-rrê*
espinafre	der Spinat	*dér chpi-nat*

Tabela 8.9 Patês e Embutidos

Português	Alemão	Pronúncia
chouriço	die Blutwurst	*di blut-vurst*
frios	der Aufschnitt	*dér auf-chnit*
salsicha frita	die Bratwurst	*di brat-vurst*
salsicha frita com curry	die Currywurst	*di cu-rri-vurst*
patê de fígado de ganso	die Gänseleberpastete	*di gén-ze-le-ber-pas-te-te*
salsicha de fígado	die Leberwurst	*di le-bar-vurst*
salsicha	die Wurst	*di vurst*

continua

Tabela 8.9 Patês e Embutidos (continuação)

Português	Alemão	Pronúncia
patê de fígado de vitela	die Kalbsleberwurst	*di kalbs-le-bar-vurst*
salsicha branca	die Weiβwurst	*di vais-vurst*
salsicha vienense	das Würstchen	*das vürst-tchen*

Bem-vindo à Alemanha

E por Falar Nisso...

Os alemães adoram os vários tipos de salsicha e salsichões, chamados genericamente de *Wurst* (vurst). Tradicionalmente, no café da manhã e no jantar se consomem frios e presunto, enquanto que as salsichas quentes, tais como a *Bratwurst*, são mais apreciadas no almoço.

Tabela 8.10 Carnes e Aves

Português	Alemão	Pronúncia
carne de gado	das Rindfleisch	*das rrint-flaich*
cortes de carne de porco salgada	das Kassler	*das kas-lar*
carne de frango/ galinha	das Huhn/das Hünhchen	*das hun/das hün-chen*
carne de veado	das Reh	*das rrê*
pato	die Ente	*di en-te*
ganso	die gans	*di gans*

Tabela 8.10 Carnes e Aves (continuação)

Português	Alemão	Pronúncia
goulash	das Gulash	*das gu-lach*
coelho	der Hase	*dér ha-ze*
carneiro	das Lammfleisch	*das lâm-flaich*
costeleta de porco	das Schweinekotelett	*das chvai-ne-kôt-let*
assado de panela	der Schmorbraten	*dér chmôr-bra-ten*
cervo	der Hirsch	*dér hirch*
bife a rolê	die Rinderrouladen	*di rrin-de-rrô-la-den*
peru	der Puter/der Truthahn	*dér / dér pu-ter/dér trut-han*
vitela	das Kalbfleisch	*das kalb-flaich*
costeleta empanada de vitela	das Wiener Schnitzel	*das vi-nar chnit-sel*
paleta de vitela	die Kalbshaxe	*di kalbs-hac-se*
carne de caça	das Wild	*das vilt*

Tabela 8.11 Frutos do Mar

Português	Alemão	Pronúncia
anchova	die Sardellen	*di zar-de-len*
robalo	der Goldbarsch	*dér golt-barch*
carpa	der Karpfen	*dér karp-fen*
bacalhau	der Kabeljau	*dér ka-be-liau*
caranguejo	der Krebs	*dér krebs*
enguia	der Aal	*dér al*
linguado	die Flunder/die Scholle/	*di flun-der/di chó-le*
halibute	der Heilbutt	*dér hail-but*

continua

Tabela 8.11 Frutos do Mar (continuação)

Português	Alemão	Pronúncia
arenque	der Hering	*dér he-ring*
lagosta	der Hummer	*dér hu-mar*
cavala	die Makrele	*di ma-kre-le*
mexilhão	die Muschel	*di mu-chel*
ostra	die Auster	*di aus-tar*
merluza	der Hecht	*dér hecht*
salmão	der Lachs	*dér lacs*
sardinha	die Sardine	*di zar-di-ne*
camarão	die Shrimps/die Krabben	*di chrimps/di kra-ben*
escargot	die Schnecke	*di chne-que*
linguado	die Seezunge	*di zê-tsun-gue*
lula	der Tintenfisch/die Calamari	*dér tin-ten-fich/di ca-la-ma-ri*
peixe espada	der Schwertfisch	*dér chvert-fich*
truta	die Forelle	*di fo-rre-le*
atum	der Thunfisch	*dér tun-fich*

Tabela 8.12 Laticínios

Português	Alemão	Pronúncia
manteiga	die Butter	*di bu-tar*
queijo	der Käse	*dér qué-ze*
queijo branco cremoso	der Quark	*dér ki-vark*
creme de nata	die Sahne	*di zâ-ne*
chantili	die Schlagsahne/der Schlagobers	*di chlag-zâ-ne/dér chlag-o-bers*
iogurte	das Joghurt	*das io-gurt*

Tabela 8.13 Pães, Grãos e Massas

Português	Alemão	Pronúncia
bolinhos de massa cozidos	der Knödel	*dér knê-del*
macarrão	die Nudeln	*di nu-deln*
macarrão grosso de ovos	die Spätzle	*di chpéts-lê*
pão preto	der Pumpernickel	*dér pum-per-ni-quel*
arroz	der Reis	*dér rráis*
pãozinho	das Brötchen	*das bro-tchen*
pão de centeio	das Roggenbrot	*das rrô-guen-brôt*
strudel	der Strudel	*dér chtru-del*
pão branco	das Weiβbrot	*das vais-brôt*
pão integral	das Vollkornbrot	*das fol-korn-brôt*

Tabela 8.14 Doces e Guloseimas

Português	Alemão	Pronúncia
bolo	der Kuchen	*dér ku-Hen*
torta	die Torte	*di tor-te*
goma de mascar	der Kaugummi	*dér kau-gu-mi*
chocolate	die Schokolade	*di cho-ko-la-de*
bombons	die Pralinen	*di pra-li-nen*
bolacha	der Keks/das Plätzchen	*dér quécs/das plé-ts-chen*
pão doce	das Kaffeeteilchen	*das ca-fa-táil-chen*
sonho/ donuts	der Berliner	*dér ber-li-nar*
bala de gelatina	die Gummibären	*di gu-mi-bé-rren*

continua

Tabela 8.14 Doces e Guloseimas (continuação)

Português	Alemão	Pronúncia
bala	die Bonbons	*di bon-bons*
confeito de alcaçuz	die Lakritze	*di la-krit-se*
marzipã	das marzipan	*das mar-tsi-pan*

Os vários tipos de iguarias da confeitaria alemã são consumidos geralmente acompanhando o intervalo para o café e não são considerados como sobremesa. Mas a Tabela 8.15 lista algumas outras delícias que, estas sim, podem ser degustadas após uma refeição.

Tabela 8.15 Sobremesas

Português	Alemão	Pronúncia
café gelado com sorvete de baunilha	der Eiskaffee	*dér ais-ca-fe*
sorvete	das Eis/die Eiscreme	*das ais/di ais-cre-me*
tiramisu	Tiramisu	*ti-rra-mi-su*
peras cozidas com sorvete de baunilha e calda de chocolate	Birne Helene	*bir-ne e-le-ne*
pêssegos cozidos com sorvete de baunilha	Pfirsich Melba	*pfir-zich mel-ba*
sorvete com calda quente de cereja	Eis auf Heiβ / Eis mit heiβen Kirschen	*ais auf hais/ais mit hai-ssen kir-chen*
com/sem chantili	mit/ohne Schlagsahne / Schlagobers (Austria)	*mit/ô-ne chlag-zâ-ne/ chlag-obers*

A Tabela 8.16 será útil no caso de querer um pouco de mostarda para acompanhar sua *bratwurst.*

Tabela 8.16 Condimentos

Português	Alemão	Pronúncia
molho	die Soße	*di zó-sse*
mel	der Honig	*dér hô-nich*
geleia	die Marmelade/das Gelee	*di mar-me-la-de/das ge-lê*
catchup	der Ketchup	*dér quet-chup*
maionese	die Mayonnaise	*di ma-io-ne-ze*
mostarda	der Senf	*dér zenf*
óleo/azeite	das Öl	*das öl*
pimenta	der Pfeffer	*dér pfe-far*
sal	das Salz	*das zalts*

Pedindo o Jantar

Em muitos restaurantes alemães, os próprios clientes escolhem o lugar onde desejam sentar-se. Depois de acomodado, você terá que chamar a atenção do garçom para que este lhe traga o menu e você possa escolher e pedir os pratos. E lembre-se, os europeus tendem a fazer suas refeições de maneira calma, aproveitando o momento tranquilamente.

Tabela 8.17 Como Fazer o Pedido

Português	Alemão	Pronúncia
Garçom/Garçonete!	Bedienung, bitte!	*be-di-nung, bi-te*
O menu, por favor!	Die Karte, bitte!	*di kar-te, bi-te*
Qual é o prato do dia?	Was ist die Spezialität des Tages?	*vas ist di chpê-tsia-li-tét des ta-gues*

continua

Tabela 8.17 Como Fazer o Pedido (continuação)

Português	Alemão	Pronúncia
Qual é o prato da casa?	Was ist die Spezialität des Hauses?	*vas ist di chpê-tsia-li-tét des hau-zes*
O que você recomenda?	Was können Sie empfehlen?	*vas quê-nen zi emp-fê-len*
Eu gostaria...	Ich möchte.../ Ich nehme...	*iH mech-te.../ iH nê-me...*
Por favor, me traga...	Bitte bringen Sie mir...	*bi-te brin-guen zi mi-ar...*
Ele gostaria ...	Er möchte...	*er mêch-te...*
Para ela....	Sie nimmt...	*zi nimt...*
Por favor, traga-nos...	Bitte bringen Sie uns...	*bi-te brin-guen zi uns...*
Vocês aceitam cartão de crédito?	Nehmen Sie Kreditkarten?	*nê-men zi kre-dit-kar-ten*

Outros Pedidos Durante o Jantar

Se você precisar de um guardanapo limpo ou quiser outro copo de vinho, a Tabela 8.18 será útil.

Tabela 8.18 Outros Serviços

Português	Alemão	Pronúncia
Poderia nos trazer outro/outra...?	Könnten wir bitte noch einen/eine/ein... haben?*	*quên-ten vi-ar bi-te noH ái-nen/ái-ne/áin... ha-ben*
Poderia nos trazer um novo....?	Könnten wir bitte einen frischen...haben?*	*quên-ten vi-ar bi-te ái-nen fri-chen...ha-ben*
tigela	die Schale	*di cha-le*
xícara	die Tasse	*di ta-sse*

Tabela 8.18 Outros Serviços (continuação)

Português	Alemão	Pronúncia
prato	der Teller	*dér té-lar*
garfo	die Gabel	*di ga-bel*
copo	das Glas	*das glas*
faca	das Messer	*das mé-ssar*
menu	die Speisekarte	*di chpai-ze-kar-te*
guardanapo	die Serviette	*di zer-vi-é-te*
serviço de mesa	das Gedeck	*das gue-déc*
pires	die Untertasse	*di un-tar-ta-sse*
prato de sopa	der Suppenteller	*dér zu-pen-té-lar*
colher de sopa	der Suppenlöffel	*dér su-pen-lê-fel*
toalha de mesa	die Tischdecke	*di tich-dé-que*
colher de chá	der Teelöffel	*dér tê-lê-fel*
taça de vinho	das Weinglas	*das vain-glas*

Lembre-se de que a terminação das palavras em alemão muda de acordo com o gênero da palavra. Todas as palavras acompanhadas de *der* são masculinas, as palavras com *die* são femininas e as precedidas por *das,* são neutras. Consequentemente, você tem que usar *einen* se quiser pedir um item do gênero masculino (palavra acompanhada por *der),* *eine* se for um item feminino (*die)* e *ein* se for neutro (*das).* Por exemplo, se quiser pedir um guardanapo, que por sinal, é do gênero feminino em alemão, (*die Serviette,* peça *Könnten wir bitte noch **eine** Serviette haben?* Se quiser pedir um prato (*der Teller),* peça *Könnten wir bitte noch **einen** Teller haben?*

Malpassado, Por Favor!

Claro que você vai querer que seu bife esteja no ponto certo e que os vegetais sejam servidos com o seu molho preferido. A Tabela 8.19 vai ajudá-lo a deixar tudo a contento.

Tabela 8.19 Preparo dos Alimentos

Português	Alemão	Pronúncia
assado	gebacken/gebraten	*guê-<u>ba</u>-quen/gue-<u>bra</u>-ten*
envolto em massa	im Backteig	*im <u>bac</u>-taig*
refogado	geschmort	*guech-<u>mort</u>*
gratinado	überbacken	*<u>ü</u>-ber-ba-quen*
cozido	gekocht	*guê -<u>koHt</u>*
torrado	geröstet	*guê -<u>rrês</u>-tet*
empanado	paniert	*pa-<u>ni</u>-<u>ert</u>*
natural	natur	*na-<u>tur</u>*
picado	gehackt	*guê -<u>hackt</u>*
frito	fritiert	*fri-<u>ti</u>-<u>ert</u>*
grelhado	gegrillt	*guê-<u>grilt</u>*
amassado (purê)	püriert	*pu-<u>ri</u>-<u>ert</u>*
malpassado	kurz angebraten	*kurts an- guê-<u>bra</u>-ten*
quase cru	roh englisch	*rrô-<u>en</u>-glich*
cozido no vapor	gedämpft	*guê-<u>démpft</u>*
bem passado	durchgebraten	*du-ich-guê-<u>bra</u>-ten*
com molho	mit Soβe	*mit <u>zó</u>-sse*

Restrições Alimentares

Se você estiver fazendo algum tipo de dieta especial, a Tabela 8.20 vai lhe mostrar como esclarecer isso para os atendentes.

Tabela 8.20 Dietas Especiais

Português	Alemão	Pronúncia
Estou de dieta.	Ich mache eine Diät.	*iH ma-He ái-ne di-ét*
Sou vegetariano.	Ich bin Vegetarier/ Vegetarierin.	*iH bin vê-guê-ta-ri-er/ vê-guê-ta-rrie-rin*
Eu não posso comer nada com...	Ich kann nichts mit... essen.	*iH kan nichts mit... é-ssen*
álcool	Alkohol	*al-ko-hol*
cafeína	Koffein	*ko-ffe-in*
laticínios	Milchprodukten	*milch-pro-duc-ten*
peixe	Fisch	*fich*
glúten	Gluten	*glu-ten*
carne	Fleisch	*flaich*
glutamato monossódico	Monosodiumglutamat	*mo-no-sso-dium-glu-ta-mat*
nozes	Nüssen	*nü-ssen*
crustáceos	Krustentieren	*krus-ten-ti-rren*
trigo	Weizen	*vai-tsen*
Este prato contém...?	Hat dieses Gericht...?	*hat di-zes gue-richt*
Esta bebida contém...?	Hat dieses Getränk...?	*hat di-zes gue-trénc*
Você poderia retirar/ separar...?	Können Sie ...entfer-nen?	*quê-nen zi...ent-fer-nen*
Qual prato contém...?	Welches Gericht hat...?	*vél-ches gue-richt hat*
pouco colesterol	wenig Cholesterin	*vê-nich co-les-te-rin*
pouca gordura	wenig Fett	*vê-nich fét*
pouco sal	wenig Salz	*vê-nich zalts*
pouco açúcar	wenig Zucker	*vê-nich tsu-car*

Continua

Tabela 8.20 Dietas Especiais (continuação)

Português	Alemão	Pronúncia
sem corantes artificiais	keine künstlichen Farbstoffe	*<u>kái</u>-ne <u>künst</u>-li-chen <u>farb</u>-chto-fe*
sem conservantes	keine Konservierungstoffe	*<u>kái</u>-ne kon-zer-<u>vi</u>-rrun-chto-fe*

Devolvendo a Comida

Se houver algum problema com o prato que pediu, solicite educadamente que ele seja devolvido à cozinha. A Tabela 8.21 vai lhe mostrar como fazer isso.

Tabela 8.21 Reclamações

Português	Alemão	Pronúncia
Você poderia levar isto de volta (à cozinha)?	Könnten Sie das bitte (zur Küche) zurück gehen lassen?	*<u>quên</u>-ten zi das <u>bi</u>-te (tsu-ar <u>kü</u>-che) tsu-<u>rüc</u> <u>gue</u>-en <u>la</u>-ssen*
está (muito) frio	Es ist (zu) kalt.	*ês ist (tsu) kalt*
está mal cozido	Es ist nicht durch.	*ês ist nicht du-ich*
está cozido demais	Es ist verkocht.	*ês ist fer-<u>koHt</u>*
está duro	Es ist zäh.	*ês ist tse*
está queimado	Es ist angebrannt.	*ês ist <u>an</u>-guê-brant*
está muito salgado	Es schmeckt versalzen.	*ês chmekt fer-<u>zal</u>-tsen*
está (muito) doce	Es schmeckt (zu) süβ.	*ês chmekt (tsu) züs*
está muito apimentado	Es schmeckt (zu) scharf.	*ês chmekt (tsu) charf*

Pagando a Conta

Quando tiver terminado de comer e estiver pronto para deixar o restaurante, você deverá pedir ao garçom para fechar a conta, que, com exceção dos restaurantes *self-service*, é sempre paga na mesa.

Bem-vindo à Alemanha

E por Falar Nisso...

As taxas de serviço já estão incluídas no custo das refeições, portanto, não há necessidade de deixar gorjeta nos restaurantes alemães. Contudo, é costume arredondar a conta para cima se tiver ficado satisfeito com o atendimento.

A Tabela 8.22 dá mais frases que você pode precisar ao terminar uma refeição.

Tabela 8.22 Acertando a Conta

Português	Alemão	Pronúncia
A conta, por favor.	Die Rechnung, bitte./ Zahlen, bitte.	*di rech-nung, bi-te/ tsa-len, bi-te*
A soma não está correta.	Die Rechnung stimmt nicht.	*di rech-nung chtimt nicht*
Nós pedimos apenas (dois)...	Wir hatten nur (zwei)...	*vi-ar ha-ten nu-ar (tsvái)*
Nós não pedimos...	Wir hatten nicht...	*vir ha-ten nicht*
Aqui está.	Bitte sehr.	*bi-te zer*
Guarde o troco.	Stimmt so.	*chtimt zô*

Com tantas opções, é possível passar uma boa parte do tempo na Alemanha apenas comendo, portanto, saber as frases que acabamos de ver pode ser de extrema importância. Quando estiver satisfeito de tanto comer salsichas e bolos, você pode ir gastar as calorias extras fazendo compras – o tópico do nosso próximo capítulo.

Capítulo 9

Não Vejo a Hora de Ir às Compras

Neste Capítulo:

- Os diversos tipos de lojas
- Tratando com os funcionários
- Entendendo o sistema europeu de numeração de roupas
- Usando as cores e outros adjetivos

Muitas pessoas gostam de fazer compras quando visitam um país estrangeiro. Adquirir algo que vai servir como lembrança de um lugar ou ocasião especial ou trazer presentes para familiares e amigos é sempre muito gratificante.

Se você está ansioso para ir às compras na Alemanha, saiba que não vai se desapontar. Vai descobrir excelentes lojas de departamentos, bem como muitas lojas especializadas e de presentes. Então, prepare o seu cartão de crédito e aprenda as frases de que vai precisar durante as suas compras.

Todo Tipo de Loja que Desejar

Não deixe de passar nas lojas menores que encontrar durante sua visita aos países de língua alemã. A Tabela 9.1 vai lhe ajudar a chegar até os estabelecimentos que você procura.

Tabela 9.1 Tipos de Lojas

Português	Alemão	Pronúncia
papelaria	die Papierwarenhandlung	*di pa-pi-ar-va-ren-hand-lung*
livraria	die Buchhandlung	*di buH-hand-lung*
butique	die Boutique	*di bu-tik*
doceria	die Süsswarenhandlung	*di züs-va-ren-hand-lung*
loja de roupas	das Bekleidungsgeschäft	*das bê-klai-dungs-guê-chéft*
loja de departamentos	das Kaufhaus	*das káuf-haus*
floricultura	der Blumenladen	*dér blu-men-la-den*
joalheria	der Juwelier	*dér iu-ve-lier*
loja de produtos de couro	das Leder(waren) geschäft	*das le-dar(va-ren) guê-chéft*
loja de música	das Musikgeschäft	*das mu-zik- guê-chéft*
banca de jornal	der Kiosk	*dér qui-osk*
perfumaria	die Parfumerie	*di par-fü-mê-rri*
loja de sapatos	das Schuhgeschäft	*das chu-guê-chéft*
loja de souvenirs	der Souvenirladen	*das zu-ve-nir-la-den*

Tabela 9.1 Tipos de Lojas (continuação)

Português	Alemão	Pronúncia
loja de material esportivo	das Sportgeschäft	*das chpórt-guê-chéft*
loja de roupas tradicionais (dos Alpes)	das Trachtengeschäft	*das traH-ten-guê-chéft*

Bem-vindo à Alemanha

E por Falar Nisso...

Tracht é o nome das vestimentas tradicionais que eram comuns nas cidades do interior na região dos Alpes. As mulheres vestiam o *Dirndl* (dianr-del) e os homens usavam *Lederhosen* (lê-dar-hô-zen). Apesar de que o uso desses trajes típicos esteja hoje restrito às ocasiões especiais, pode ser que você veja mulheres usando *Trachtenmode* (moda inspirada no *Tracht*), tanto no sul da Alemanha, como na Áustria e na Suíça.

Conversando com Vendedores e Atendentes

Assim que entrar em uma loja, um vendedor poderá se aproximar de você e perguntar se pode lhe ajudar em algo. Ele ou ela poderá dizer *"Kann ich Ihnen helfen?"* (kan iH i-hen hél-fen – Posso ajudar?) As frases nas Tabelas 9.2 e 9.3 vão lhe mostrar como dar a resposta.

Bem-vindo à Alemanha

E por Falar Nisso...

A maioria das mercadorias vendidas na Alemanha está sujeita a cobrança de 16% de Imposto sobre Valor Agregado (IVA). Os turistas podem obter o reembolso desse valor referente aos itens que comprarem na Alemanha e levarem consigo para casa, contudo, para solicitar o reembolso de IVA, será necessário obter um formulário específico em uma papelaria e se assegurar que todas as compras sejam checadas pelos vendedores. Provavelmente vão lhe pedir que mostre seu passaporte. No próprio formulário de reembolso você encontrará mais informações sobre o IVA e instruções mais detalhadas sobre como obter o reembolso.

Tabela 9.2 Falando de Roupas

Português	Alemão	Pronúncia
Posso provar, por favor?	Kann ich das bitte anprobieren?	*kan iH das bi-te an-pro-bi-ren*
Eu uso tamanho...	Ich trage Größe...	*iH tra-gue gro-sse...*
Estou procurando...	Ich suche	*iH zu-He*
Quanto custa...?	Wieviel kostet...?	*vi-fil kós-tet*
Quanto custam...?	Wieviel kosten...?	*vi-fil kós-ten*
Eu gostaria de...	Ich hätte gerne...	*iH hé-te guér-ne*
Não, obrigado; estou apenas olhando.	Nein, danke; ich schaue nur.	*nain, dân-que, iH cháue nu-ar*
(Não) Gostei.	Es gefällt mir (nicht).	*ês guê-félt mi-ar (nicht)*

Tabela 9.2 Falando de Roupas (continuação)

Português	Alemão	Pronúncia
(Não) Ficou bom em mim.	Es steht mir (nicht).	*ês chtêt mir (nicht)*
Está (muito) pequeno.	Es ist (zu) klein.	*ês ist (tsu) kláin*
Está (muito) apertado.	Es ist (zu) eng.	*ês ist (tsu) êng*
(Não) Está curto.	Es ist (gar nicht) kurz.	*ês ist (gar nicht) kurts*
(Não) É (suficientemente) longo.	Es ist (nicht) lang (genug).	*ês ist (nicht) Lang (guê-nug)*
É (bastante) chamativo.	Es ist (ziemlich) auffällig.	*ês ist (tsim-lich) auf-fé-lich*
Está grande.	Es ist groβ.	*ês ist gross*
Está largo.	Es ist weit.	*ês ist vait*
Você tem...?	Haben Sie...?	*ha-ben zi*
Você tem este modelo no (tamanho 44/em branco)?	Haben Sie das in (Gröβe 44/weiβ)?	*ha-ben zi das in (grö-sse fi-ar-unt-fi-ar-tsich/vais)*
Onde ficam os provadores, por favor?	Wo sind die Umkleidekabinen, bitte?	*vô zind di um-klái-de-ka-bi-nen, bi-te*

Bem-vindo à Alemanha

E por Falar Nisso...

Se você é do tipo que gosta de uma promoção, procure pelas seguintes palavras *Aus-ver-kauf (aus-fer-kauf)* ou *Abverkauf (ap-fer-kauf;* liquidação), *Sonderangebot (zon-dar-an-ge-bot;* oferta especial) ou *Schlussverkauf (chlus-fer-kauf;* liquidação de final de estação).

Se estiver comprando roupas, é bom saber como pedir ao vendedor o que você está procurando. Para isso, veja a Tabela 9.3

Tabela 9.3 Itens de Vestuário

Português	Alemão	Pronúncia
roupa de banho masculina/ sunga/ calção de banho	die Badehose	*di ba-de-hô-ze*
roupa de banho feminina/maiô/ biquíni	der Badeanzug	*dér ba-de-an-tsug*
roupão de banho	der bademantel	*dér ba-de-man-tel*
cinto	der Gürtel	*der gür-tel*
blusa	die Bluse	*di blu-ze*
botas	die Stiefel (m)	*di chti-fel*
sutiã	der BH	*dér be-há*
casaco (esportivo)	der Blazer	*dér blei-zer*
vestido	das Kleid	*das kláid*
luvas	die Handschuhe (m)	*die hand-chu-ê*
chapéu	der Hut	*dér hut*
jaqueta	die Jacke	*di ia-que*
calças jeans	die Jeans (f. sing)	*di djins*
conjunto esportivo para corrida	der Jogginganzug	*dér djo-guing-an-tsug*
camisola/penhoar	das Negligé	*das ne-gli-gê*
sobretudo/casaco	der Mantel	*dér man-tel*

Tabela 9.3 Itens de Vestuário (continuação)

Português	Alemão	Pronúncia
pijama	der Schlafanzug/der Pyjama	*dér chlaf-an-tsug/pi--dja-ma*
calça comprida	die Hose (f. sing.)	*di hô-ze*
calcinha	die Nylonstrümpfe (m)	*di nái-lon-chtrümp-fe*
bolsa de mão/carteira	die Handtasche	*di hand-ta-che*
capa de chuva	der Regenmantel	*dér rre-guen-man-tel*
sandália	die Sandalen (f)	*di zan-da-len*
cachecol	der Schal	*dér chál*
camisa	das Hemd	*das hemt*
anágua	der Unterrock	*dér un-tar-róc*
tênis	die Turnschuhe (m)	*di turn-chu-ê*
meias	die Socken (f)	*di zó-quen*
meia fina	die Strümpfe (m)	*di chtrümp-fe*
terno masculino	der Anzug	*dér an-tsug*
terninho feminino	das Kostüm	*das kos-tüm*
gravata	der Schlips/die Kravatte	*dér chlips/di cra-va-te*
sombrinha/guarda--chuva	der Regenschirm	*dér re-guem-chirm*
cueca	die Unterhose	*di un-tar-hô-ze*
colete	die Weste	*die vés-te*

Experimente Neste Tamanho

Se você estiver provando um tênis de corrida e o vendedor lhe disser que você precisa de um número maior, não se assuste. É que a numeração tanto das roupas como dos calçados é diferente na Europa. A Tabela 9.4 vai lhe dar uma comparação da numeração dos sapatos.

Tabela 9.4 Numeração de Sapatos

Brasil	Europa
33	35
34	36
35	37
36	38
37	39
38	40
39	41
40	42
41	43
42	44
43	45
44	46
45	47

A numeração das roupas femininas também é diferente da que usamos no Brasil. As roupas masculinas, no entanto, quase sempre usam o mesmo padrão. As Tabelas 9.5 e 9.6 vão lhe dar mais explicações.

Tabela 9.5 Roupas Femininas

Brasil	Europa
36	34
38	36
40	38
42	40
44	42
46	44

Tabela 9.6 Roupas Masculinas

Brasil	Europa
36	36
37	37
38	38
39	39
40	40
41	41
42	42

E por Falar Nisso...

Além das diferenças na numeração de roupas e calçados entre os países de língua alemã e o Brasil, pode ser que você também encontre itens marcados como S (pequeno), M (médio), L (grande) e XL (extra grande). Contudo, pode ser que uma vestimenta marcada como L na Alemanha seja equivalente ao tamanho M no Brasil, portanto, experimente sempre que possível.

Atenção!

Os europeus tendem a ser mais preocupados com a moda do que nós brasileiros. A menos que você seja aquele tipo de turista que quer se destacar na multidão, evite o shorts, tênis, camiseta chamativa e a pochete na cintura, que vão imediatamente denunciá-lo como um forasteiro.

Você Teria Este Vestido na Cor Amarela?

Agora que você já tem uma ideia geral sobre como pedir os itens de vestuário, vai precisar saber como encontrar o que quer na cor e estilo corretos. As cores listadas na Tabela 9.7, vão lhe ser úteis não só para as compras, mas em outras ocasiões também.

Tabela 9.7 Cores

Português	Alemão	Pronúncia
preto	schwarz	*chvarts*
azul (claro)	(hell)blau	*(hél) blau*
marrom (escuro)	(dunkel)braun	*(dun-quel) braun*
cinza	grau	*grau*
verde	grün	*grün*
ouro/dourado	gold	*golt*
bege	beige	*bég*
vinho	weinrot	*vain-rrôt*
laranja	orange	*ô-rranje*
rosa	rosa	*rrô-za*
lilás	lila	*li-la*
vermelho	rot	*rrôt*
prata/prateado	silber	*zil-bar*
branco	weiβ	*vais*
amarelo	gelb	*guélb*

O Que É Isso?

Para dizer que uma cor é clara, simplesmente adicione *hell* na frente da palavra. Para dizer que é escura, *dunkel*. Dessa forma, *hellgrün* é "verde-claro", enquanto que *dunkelrot* é "vermelho escuro".

Terminações dos Adjetivos

As terminações dos adjetivos (incluindo as cores) podem mudar dependendo do item que você estiver descrevendo e da função que esse item desempenha na frase.

É fácil dizer...

> Das ist rosa.
>
> *Das ist rrô-za*
>
> Isto é rosa.

Ou...

> Haben Sie das in rot?
>
> *ha-ben zi das in rrôt*
>
> Você tem essa peça em vermelho?

Quando você tenta usar um adjetivo para descrever um item específico ao invés de usar a palavra de uso geral *das*, pode ficar um pouco mais complicado. Por exemplo: é fácil falar "A blusa é vermelha" (Die Bluse ist rot), mas se quiser falar "Esta é uma blusa vermelha" fica mais difícil, pois você tem que declinar tanto o artigo, como o adjetivo *rot* (Das ist ein**e** rot**e** Bluse).

O caso nominativo é usado para o sujeito ou o predicativo do sujeito da frase, tal como no exemplo "O que ou quem é este/esta?". O acusativo indica o objeto da frase, tal como em "Quem ou o que você tem?"

A Tabela 9.8 ilustra os casos nominativo e acusativo.

Tabela 9.8 Terminações dos Adjetivos nos Casos Nominativo e Acusativo

Português	Alemão	Pronúncia
	Nominativo masculino singular:	
Este é um casaco vermelho.	Das ist ein rot**er** Mantel.	*das ist áin rrô-tar man-tel*
	Nominativo feminino singular:	
Esta é uma blusa vermelha.	Da ist ein**e** rot**e** Bluse.	*das ist ái-ne rrô-te blu-ze*
	Nominativo neutro singular.	
Esta é uma camisa vermelha.	Das ist ein rot**es** Hemd.	*das ist éin rrô-tes hemt*
	Nominativo Plural:	
Estas são blusas vermelhas.	Das sind rot**e** Blusen.	*das zind rrô-te blu-zen*
	Acusativo Masculino Singular:	
Você tem um casaco vermelho?	Haben Sie ein**en** rot**en** Mantel?	*ha-ben zi ái-nen rrô-ten man-tel*
	Acusativo Feminino Singular:	
Você tem uma blusa vermelha?	Haben Sie ein**e** rot**e** Bluse?	*ha-ben zi ái-ne rrô-te blu-ze*

continua

Tabela 9.8 Terminações dos Adjetivos nos Casos Nominativo e Acusativo (continuação)

Português	Alemão	Pronúncia
Você tem uma camisa vermelha?	**Acusativo Neutro Singular:** Haben Sie ein rot**es** Hemd?	*ha-ben zi áin rrô-tes hemt*
Você tem camisas vermelhas?	**Acusativo Plural:** Haben Sie rot**e** Hemden?	*ha-ben zi rrô-te hem-den*

Esses detalhes gramaticais podem ser um pouco confusos, mas não se preocupe muito com eles. As pessoas vão entender o que você está dizendo, mesmo que sua gramática não seja perfeita.

Listrado ou Quadriculado

O tipo de padronagem de uma roupa, tal como suas cores, serve para descrevê-la, portanto, os nomes usados nessas situações são adjetivos e suas terminações também poderão variar levemente de acordo com o gênero (masculino, feminino ou neutro) e o número (singular ou plural) do item que estão descrevendo. As terminações também variam de acordo com o uso da palavra na frase. Contudo, se você souber como pronunciar o tipo de padronagem, será entendido mesmo que a terminação da palavra não esteja exatamente correta. A Tabela 9.9 vai lhe mostrar os adjetivos que pode usar quando estiver falando sobre itens de vestuário.

Tabela 9.9 Adjetivos para Vestimentas

Português	Alemão	Pronúncia
em uma única cor	uni	*iu-ni*
florido	geblümt	*guê-blümt*
listrado	gestreift	*guê-chtráift*
de bolinhas	gepunktet	*guê-punk-tet*
xadrez	buntkariert	*bunt-ka-ri-ert*
quadriculado	kariert	*ka-ri-ert*

Couro e Renda

Já lhe aconteceu de após muita procura encontrar a blusa *perfeita*, mas na última hora descobrir que é feita de puro linho, daquelas que levam mais de uma hora para passar a ferro? Hoje em dia precisamos de roupas que se adaptem ao nosso estilo de vida, portanto, é bom saber um pouquinho sobre os tipos de tecido, quando estiver fazendo suas compras. As Tabelas 9.10 e 9.11 vão lhe ajudar a entender o que está comprando.

Tabela 9.10 Tipos de Materiais

Português	Alemão	Pronúncia
caxemira	der Kaschmir	*dér kash-mi-ar*
algodão	die Baumwolle	*di báum-vó-le*
jeans	der Jeansstoff	*dér djins-chtóf*
flanela	der Flanell	*dér fla-nel*

continua

Tabela 9.10 Tipos de Materiais (continuação)

Português	Alemão	Pronúncia
renda	die Spitze	*di chpit-ze*
couro	das Leder	*das le-dar*
linho	das Leinen	*das lái-nen*
fibra sintética	die Kunstfaser	*di kunst-fa-zar*
seda	die Seide	*di zái-de*
camurça	die Wildleder	*di vild-le-dar*
lã	die Wolle	*di vó-le*

Se você quiser fazer perguntas sobre o tecido da roupa que está pretendendo comprar, as frases na Tabela 9.11 vão lhe ser de grande ajuda.

Tabela 9.11 Perguntando sobre os Materiais

Português	Alemão	Pronúncia
Você tem (agasalhos) de lã?	Haben Sie Woll(pullover)?	*ha-ben zi vól (pu-lo-var)*
Você tem essa peça em linho?	Haben Sie das aus Leinen?	*ha-ben zi das aus lái-nen*
É couro legítimo?	Ist das echtes Leder?	*ist das éch-tes le-dar*
De que material é feito?	Aus welchem Stoff ist das?	*aus vél-chem chtóf ist das*

Bem-vindo à Alemanha

E por Falar Nisso...

Tal como no Brasil, as roupas vendidas na Alemanha devem ter uma etiqueta indicando o tipo dos materiais usados e as instruções de lavagem. E como uma grande parte dessas roupas é fabricada no exterior, geralmente as etiquetas estão em inglês. Também são muito usados os símbolos para atestar que o couro é legítimo e que a lã é natural e não sintética.

Se você gostar de comprar na Alemanha, encontrará muitas coisas para se manter ocupado. Depois de estudar as fases apresentadas neste capítulo, você deverá ser capaz de se comunicar com os atendentes e vendedores sem muitos problemas.

Capítulo 10

Serviços Pessoais

Neste Capítulo:

- Solicitando serviços
- Tipos de serviços pessoais de que você talvez possa precisar
- Entendendo-se com os lojistas

Geralmente não nos preocupamos com os serviços prestados por terceiros até que precisamos deles. Se o salto do seu par de sapatos favorito se soltar durante uma caminhada, vai ser uma alegria encontrar um sapateiro e conseguir lhe pedir para fazer o reparo.

Ou então imaginemos que você está na Alemanha a trabalho, prestes a fazer uma apresentação importante, quando se lembra de que há meses não corta o cabelo. Com certeza vai querer dar uma passadinha imediatamente no salão de cabeleireiro mais próximo.

Neste capítulo, você vai aprender as frases de que precisa para solicitar tais serviços.

Solicitando os Serviços de que Precisa

Como qualquer outra pessoa, os viajantes também têm suas necessidades pessoais. Para localizar o fornecedor do serviço de que você precisa, para se informar sobre o preço, o tempo de duração e etc, você vai precisar conhecer uma ampla variedade de termos e frases relacionadas a esses serviços. Comece a se inteirar dessas frases com a Tabela 10.1.

Tabela 10.1 Solicitando Serviços

Português	Alemão	Pronúncia
A que horas abre(fecha)?	Um wieviel Uhr öffnen (schließen) Sie?	*um vi-fil u-ar êf-nen (chli-ssen) zi*
Que dia abre(fecha)?	An welchen Tagen haben Sie offen (geschlossen)?	*an vél-chen ta-guen ha-ben zi ôfen (gue-chló-ssen)*
Você pode consertar...?	Können Sie ...reparieren?	*quê-nen zi... rre-pa-ri-ren*
Você pode consertá-lo (la) ainda hoje?	Können Sie es (sie) noch heute reparieren?	*quê-nen zi ês (zi) nóH hói-te rre-pa-ri-ren*
Você pode consertar provisoriamente (enquanto eu espero)?	Können Sie es (sie) provisorisch reparieren (Während ich warte)?	*quê-nen zi ês (zi) pro-vi-zo-rich rre-pa-ri-ren (vé-rrend iH var-te)*
Quando posso buscá-lo (buscá-los)?	Wann kann ich es (sie) abholen)?	*van kan iH ês (zi) ap-ho-len*

Tabela 10.1 Solicitando Serviços (continuação)

Português	Alemão	Pronúncia
Preciso dele (deles) o mais rápido possível (às...horas)?	Ich brauche es (sie) sobald wie möglich (um...Uhr)?	*iH brau-He ês (zi) zo-balt vi mo-glich (um...u-ar)*
Poderia emitir um recibo, por favor?	Kann ich eine Quittung haben?	*kan iH ái-ne ki-vi-tung ha-ben*
Quanto custa?	Wieviel kostet es?	*vi-fil kós-tet ês*

No Cabeleireiro

Seja para dar uma simples aparadinha no cabelo ou para fazer luzes, as frases da Tabela 10.2 vão lhe ser muito úteis no salão.

Tabela 10.2 No Cabeleireiro

Português	Alemão	Pronúncia
Estou procurando um cabeleireiro.	Ich suche einen Frisör.	*iH zu-He ái-nen fri-zor*
Corte o meu cabelo, por favor.	Schneiden Sie mir die Haare, bitte.	*chnái-den zi mi-ar di ha-re, bi-te*
Apare o meu cabelo, por favor.	Schneiden Sie mir die Haare etwas nach.	*cnhái-den zi mi-ar di ha-re et-vas naH*
Gostaria de lavar, cortar e secar, por favor.	Waschen, schneiden, föhnen, bitte.	*va-chen, chnái-den, fo-nen, bi-te*
Gostaria de uma coloração, por favor.	Eine Färbung, bitte.	*ái-ne fér-bung, bi-te*

continua

Tabela 10.2 No Cabeleireiro (continuação)

Português	Alemão	Pronúncia
tonalizante	eine Tönung	*ái-ne to-nung*
manicure	eine Maniküre	*ái-ne ma-ni-kü-rre*
pedicure	eine Pediküre	*ái-ne pê-di-kü-rre*
permanente	eine Dauerwelle	*ái-ne dau-ar-vé-le*
a barba	eine Rasur	*ái-ne ra-zu-ar*
depilação	eine Epilation	*ái-ne e-pi-la-tsion*
reflexo/luzes	Strähnchen	*chtrén-chen*
(sem) camadas	(keine) Stufen	*(kái-ne) chtu-fen*
De que comprimento você quer?	Wie (Lange) möchten Sie es?	*vi (lan-gue) mêch-ten zi ês?*
longo/curto até aqui	so lang/kurz	*zo lang/kurts*
(ainda mais) curto	(noch) kürzer	*(nóH) kür-tsar*
comprimento médio	halblang	*halb-lang*
ondulado	gewellt	*gue-vélt*
encaracolado	gelockt	*gue-lókt*
liso	gerade	*gue-rra-de*
(Sem) condicionador, por favor.	(Keine) Spüllung, bitte.	*(kái-ne) chpü-lung, bi-te*
(sem) gel	(kein) Gel	*(káin) guel*
(sem) laquê	(kein) Haarspray	*(káin) har-chprai*
(sem) mousse	(kein) Schaum	*(káin) chaum*
(sem) shampoo	(kein) Shampoo	*(káin) cham-pu*

Bem-vindo à Alemanha

E por Falar Nisso...

Na Alemanha não é necessário dar gorjeta por esses pequenos serviços pessoais, mas você sempre pode arredondar a conta para cima, se quiser.

Serviços de Lavanderia

Se perceber uma manchinha bem na frente da sua blusa ou gravata de seda favorita, com certeza vai querer saber como procurar os serviços de uma lavanderia. As frases da Tabela 10.3 vão facilitar sua vida, na hora de explicar para o atendente o que você precisa.

Tabela 10.3 Na Lavanderia

Português	Alemão	Pronúncia
lavanderia/tinturaria	die Reinigung	*di rrái-ni-gung*
Tem um buraco aqui.	Da ist ein Loch.	*da ist áin lóH*
uma mancha	ein Fleck	*áin flék*
um rasgo	ein Riß	*áin rriss*
Está faltando um botão (aqui).	Ein Knopf fehlt (hier).	*áin knópf fêlt (hi-ar)*
Você pode lavar esta peça a seco?	Können Sie das reinigen?	*quê-nen zi das rrái-ni-guen*
Você pode costurar (consertar) esta peça?	Können Sie das vernähen (reparierren)?	*quê-nen zi das fêr-né-en (rre-pa-ri-ren)*
Você pode passar (engomar) esta peça?	Können Sie das bügeln (stärken)?	*quê-nen zi das bü-gueln (chtér-quen)*

Na Lavanderia Automática

Na Alemanha existem lavanderias onde o próprio cliente coloca suas roupas sujas para lavar em máquinas que funcionam com moedas. São conhecidas como Laundromat.

Geralmente é mais vantajoso viajar com pouca bagagem, mas dependendo do tempo que passar fora, você pode ficar sem roupa limpa. Se isso acontecer e você estiver em um hotel que não ofereça serviço de lavanderia, simplesmente recorra à Laundromat mais próxima e mãos à obra. A Tabela 10.4 vai lhe ajudar nessa situação.

Tabela 10.4 Na Laundromat

Português	Alemão	Pronúncia
lavanderia	der Waschsalon	*dér vách-za-lon*
Gostaria de lavar (secar) minhas roupas.	Ich möchte meine Kleidung waschen (trocknen).	*iH mêH-te mái-ne klái-dung va-chen (trók-nen)*
Gostaria de deixar minhas roupas para lavar.	Ich möchte meine Kleigund waschen lassen.	*iH mêH-te mái-ne klái-dung va-chen la-ssen*
Você teria alguma máquina de lavar (secadora) disponível?	Ist eine Waschmaschine (ein Trockner) frei?	*ist ái-ne vach-ma-chi-ne (áin trók-nar) frái*
Onde posso comprar sabão em pó?	Wo kann ich Waschpulver kaufen?	*vô kan iH vach-pul-ver kau-fen*
Onde posso conseguir moedas/trocado?	Wo kann ich Kleingeld bekommen?	*vô kan iH kláin-guelt bê-ko-men*

No Oculista

Qualquer um que usa lentes de contato ou óculos sabe o transtorno que é quando algo dá errado no meio de uma viagem. Se seus óculos quebrarem ou você perder uma das lentes, vai precisar da ajuda de um oculista. As frases na Tabela 10.5 vão lhe ajudar a solicitar esses serviços.

Tabela 10.5 No Oculista

Português	Alemão	Pronúncia
oculista	der Optiker	*dér op-ti-car*
Estes óculos estão quebrados.	Diese Brille ist kaputt.	*di-ze bri-le ist ka-put*
A lente (a armação) está quebrada.	Das Glas (der Rahmen) ist kaputt.	*das glas (dér rrâ-men) ist ka-put*
Perdi uma lente de contato.	Ich habe eine Kontakt-linse verloren.	*iH ha-be ái-ne kon-takt-lin-ze fer-lô-ren*
Você poderia apertar os parafusos?	Können Sie die Schrauben festziehen?	*quê-nen zi di chrau-ben fest-tsi-en*
Você poderia subs-tituir estas lentes de contato?	Können Sie diese Kon-taktlinse ersetzen?	*quê-nen zi di-ze kon-takt-lin-ze êr-zét-tsen*
Você vende óculos de sol?	Verkaufen Sie Sonnenbrillen?	*fer-kau-fen zi zo-nen-bri-len*

Na Loja de Material Fotográfico

Um problema com a câmera pode ser um desastre quando se está tentando tirar as melhores fotos para guardar de lembrança da sua viagem ou mostrar para os amigos e para a família quando chegar em casa. Felizmente, sempre vai haver alguém capaz de ajudá-lo caso isso aconteça. Use as frases da Tabela 10.6 para pedir assistência.

Tabela 10.6 Na Loja de Material Fotográfico

Português	Alemão	Pronúncia
estúdio fotográfico/ loja de fotos	das Fotogeschäft	*das fo-to-guê-chéft*
Esta câmera fotográfica está quebrada.	Dieser Fotoapparat ist kaputt.	*di-zer fo-to-a-pa-rrat ist ka-put*
Esta filmadora está quebrada.	Diese Videokamera ist kaputt.	*di-ze vi-deo-ka-me-rra ist ka-put*
O filme está emperrado.	Der Film steckt fest.	*dér film chtekt fest*
Este botão não funciona.	Dieser Knopf funktioniert nicht.	*di-zer knopf funk-tsio-ni-ert nicht*
Precisa de uma bateria/pilha nova.	Es braucht eine neue Batterie.	*ês brauHt ái-ne nó-ie ba-te-rri*
Quanto vai custar o conserto?	Wieviel kostet die Reparatur?	*vi-fil kos-tet di rre-pa-ra-tu-ar*
Você vende filme fotográfico (preto-e-branco) colorido?	Verkaufen Sie Buntfilm (Schwarz-weiβ Film)?	*fer-kau-fen zi bunt-film (chvarts-vais film)*

Na Relojoaria

O imprevisto mais comum que pode levá-lo a precisar de uma relojoaria enquanto estiver viajando é o seu relógio deixar de funcionar direito. Na Tabela 10.7, você vai encontrar frases úteis para quando aparecer um problema em seu relógio ou para quando você precisar de outros serviços de um relojoeiro.

Tabela 10.7 Na Relojoaria

Português	Alemão	Pronúncia
o joalheiro/relojoeiro	der Juwelier	*dér iu-ve-lir*
Este relógio está quebrado.	Diese Uhr ist kaputt.	*di-ze u-ar ist ka-put*
Este relógio está adiantado (atrasado).	Die Uhr geht vor (nach).	*di ur guêt fór (naH)*
Você pode colocar uma nova bateria/ pilha?	Können Sie eine neue Batterie reingeben?	*quê-nen zi ái-ne nó-ie ba-te-rri rráin-gue-ben*
Você poderia colocar uma nova pulseira?	Können Sie ein neues Armband dranmachen?	*quê-nen zi áin nó-ies arm-band drân-ma-Hen*

No Sapateiro

Pode ser que você queira que os seus sapatos estejam bem engraxados para brilhar em um jantar especial ou em uma apresentação de negócios. Ou talvez um salto tenha se quebrado ou algum outro tipo de problema tenha acontecido com seus sapatos. As frases da Tabela 10.8 vão lhe ajudar quando precisar procurar um sapateiro.

Tabela 10.8 Na Sapataria

Português	Alemão	Pronúncia
sapateiro	der Schumacher	*dér chu-ma-Her*
Estes sapatos (botas) estão estragados.	Diese Schuhe (Stiefel) sind kaputt.	*di-ze chu-ê (chti-fel) zind ka-put*
Este salto/saltinho está quebrado.	Dieser Absatz ist kaputt.	*di-zer ap-zats ist ka-put*
A sola está gasta.	Die Sohle ist durchgelaufen.	*di zo-le ist du-ich-gue-lau-fen*
Você tem cadarços?	Verkaufen Sie Schnürsenkel/ Schnürbänder (pl.)?	*fer-kau-fen zi chnür-zer-kel/ chnür-bén-dar*
Gostaria de engraxar/ polir meus sapatos.	Ich möchte meine Schuhe poliert haben.	*iH mêH-te mái--ne chu-ê po-li--ert ha-ben*

Se souber como encontrar e solicitar os serviços de que precisa, vai ficar muito mais confiante para "circular" pela Alemanha. O próximo capítulo vai lhe mostrar como lidar com um eventual problema de saúde.

Capítulo 11

Na Saúde e na Doença

Neste Capítulo:

- Descrevendo o problema
- As partes do corpo
- Entendendo o diagnóstico
- Discutindo sua condição
- Remédios e curativos

Infelizmente, algumas vezes doenças ou ferimentos batem à nossa porta e nos acham mesmo quando estamos viajando. E ficar doente longe de casa, especialmente se for em um país estrangeiro, pode ser um transtorno assustador, particularmente se você tiver dificuldades em explicar como está se sentindo e quais são os seus sintomas.

Neste capítulo, você vai aprender a explicar como se sente e a solicitar medicamentos ou a ajuda necessária. Também vai aprender a perguntar para outra pessoa como ela está se sentindo.

Descrevendo Sintomas

Se você não estiver se sentindo bem, precisa ser capaz de explicar seus sintomas para poder ser tratado adequadamente. A Tabela 11.1 traz frases-chave para que você possa explicar ao enfermeiro ou médico o que lhe incomoda.

Tabela 11.1 Sintomas

Português	Alemão	Pronúncia
contusão	die Prellung	*di pre-lung*
galo/protuberância	die Beule	*di bói-le*
queimadura	die Verbrennung	*di fer-bre-nung*
calafrios com febre	der Schüttelfrost	*dér chü-tel-frost*
constipação	die Verstopfung	*di fers-top-fung*
tosse	der Husten	*dér hus-ten*
cãibra/cólica	die Krämpfe	*di krémp-fe*
corte	die Schnittwunde	*di chnit-vun-de*
diarreia	der Durchfall	*dér du-ich-fal*
febre	das Fieber	*das fi-bat*
fratura	der Bruch	*dér bruH*
flatulência	die Blähungen (pl.)	*di blé-hun-guen*
dor de cabeça	die Kopfschmerzen (pl.)	*di kopf-chmér-tsen*
nódulo, caroço	das Knötchen	*das knô-tchen*
dor	die Schmerzen	*di chmér-tsen*
erupção cutânea/ brotoeja	der Ausschlag	*dér aus-chlag*

Tabela 11.1 Sintomas (continuação)

Português	Alemão	Pronúncia
inchaço	die Schwellung	*di chve-lung*
sintomas	die Symptome	*di zimp-to-me*
ferimento/machucado	die Wunde	*di vun-de*

Para expressar uma condição, seja sua ou de outra pessoa, utilize as frases na Tabela 11.2.

Tabela 11.2 Condições Médicas

Português	Alemão	Pronúncia
Eu estou (ele/ela está) sangrando.	Ich blute (Er/sie blutet).	*iH blu-te (er/zi blu-tet)*
Eu estou (ele/ela está) com tonturas.	Mir (Ihm/ihr) ist schwindelig.	*mir (im/ir) ist chvin-de-lich*
Eu estou (ele/ela está) com náusea.	Mir (Ihm/ihr) ist schlecht.	*mir (im/ir) ist chleHt*
Eu estou (ele/ela está) espirrando.	Ich nieβe (er/sie nieβt).	*iH ni-sse (er/zi nist)*
Fui picado por um inseto.	Ich habe einen Insektenbiβ/ Insektenstich.	*iH ha-be ái-nen in-zek-ten-biss/ in-zek-ten-chtich*
Tenho uma farpa.	Ich habe einen Splitter.	*iH ha-be ái-nen chpli-tar*
Sinto-me (ele/ela se sente) fraco.	Ich fühle mich (er sie fühlt sich) schwach.	*iH fü-le mich (er fült siH) chvaH*

continua

Tabela 11.2 Condições Médicas (continuação)

Português	Alemão	Pronúncia
Não consigo (ele/ela não consegue) dormir.	Ich (er/sie) kann nicht schlafen.	*iH (er/zi) kan nicht chla-fen*
Não consigo (ele/ela não consegue) comer.	Ich (er/sie) kann nicht essen.	*iH (er/zi) kan nicht é-ssen*
Eu torci (ele/ela torceu) o...	Ich habe mir (Er/sie hat sich)...vertreten.	*iH ha-be mi-ar (er/zi hat sich) ...fer-tre-ten*
Eu desmaiei. (ele/ela desmaiou)	Ich bin (Er/sie ist) in Ohnmacht gefallen.	*iH bin (er/zi ist) in on-maHt gue-fa-len*

Há Quanto Tempo Está Doendo?

Quando você estiver explicando seus sintomas para o médico ou enfermeiro, provavelmente ela vai querer saber há quanto tempo você não está se sentindo bem. Algumas frases úteis nesse caso estão listadas na Tabela 11.3.

Tabela 11.3 Duração dos Sintomas

Português	Alemão	Pronúncia
Desde quando (você tem)...?	Seit wann (haben Sie)...?	*záit van (ha-ben zi)...*
Há quanto tempo (você está sofrendo com)...?	Wie lange (leiden Sie an)...?	*vi lan-gue (lai-den zi an)...*
Desde (ontem).	Seit (gestern).	*záit (gués-tern)*
Por (três) dias/horas.	Seit (drei) Tagen/ Stunden.	*záit (drai) ta-guen/ chtun-den*
Faz uma semana.	Seit einer Woche.	*záit ái-nar vo-He*

Onde Dói?

Vai ser muito importante saber descrever para o médico o lugar exato onde você sente a dor. Para isso, saber as partes do corpo é fundamental. Claro que esse conhecimento pode ser útil em outras situações também. A Tabela 11.4 lista o nome de algumas partes do corpo para você usar quando estiver no consultório médico.

Tabela 11.4 Partes do Corpo

Português	Alemão	Pronúncia
Onde dói?	Wo tut es weh?	*vô tut ês vê*
Meu tornozelo dói.	Mein Knöchel tut weh.	*main kno-chel tut vê*
braço	der Arm	*dér arm*
costas	der Rücken	*dér rü-quen*
peito	die Brust	*di brust*
orelha	das Ohr	*das o-ar*
cotovelo	der Ellenbogen	*dér é-len-bô-guen*
olho (s)	das Auge (die Augen)	*das au-gue (di au-guen)*
rosto	das Gesicht	*das gue-zicht*
dedo	der Finger	*dér fin-gar*
pé	der Fuß	*dér fuss*
mão	die Hand	*di hand*
cabeça	der Kopf	*dér kopf*
coração	das Herz	*das herts*
calcanhar	die Ferse	*di fer-ze*
quadril	die Hüfte	*di hüf-te*

continua

Tabela 11.4 Partes do Corpo (continuação)

Português	Alemão	Pronúncia
rim	die Niere	*di ni-rre*
joelho	das Knie	*das ki-ní*
perna	das Bein	*das báin*
lábio	die Lippe	*di li-pe*
pulmão	die Lunge	*di lun-gue*
boca	der Mund	*dér munt*
pescoço	der Nacken	*dér na-quen*
nariz	die Nase	*di na-ze*
ombro	die Schulter	*di chul-tar*
estômago	der Magen	*dér ma-guen*
garganta	der Hals	*dér hals*
dedo(s) do pé	die Zehe(n)	*di tse-ê(n)*
língua	die Zunge	*di tsun-gue*
dente	der Zahn	*dér tsân*
pulso	das Handgelenk	*das hand-gue-lenk*

Qual é o Diagnóstico?

Para chegar a um diagnóstico, o seu médico vai lhe fazer algumas perguntas sobre suas condições médicas. As frases na Tabela 11.5 vão ajudar nessa hora.

Tabela 11.5 Falando Sobre Seu Histórico Médico

Português	Alemão	Pronúncia
Você já teve...?	Hatten Sie...?	*ha-ten zi*
Você tem (atualmente)...?	Haben Sie (zur Zeit)...?	*ha-ben zi (tsu tsait)*
Eu tenho (tive)...	Ich habe...(gehabt).	*iH ha-be...(gue-habt)*
(não) há histórico familiar de....	...liegt (nicht) in der Familie.	*... ligt (nicht) in dér fa-mi-lie*
Eu (não) sou alérgico a...	Ich bin (nicht) allergisch gegen...	*iH bin (nicht) a-ler-guish gue-guen*
Eu tive ... há (dois) anos.	Ich hatte...vor (zwei) Jahren.	*iH ha-te...fór (tsvái) ia-rren*
Eu tomo (medicamento).	Ich nehme (Medizin).	*iH nê-me (me-di-tsin)*
Eu estou grávida.	Ich bin schwanger.	*iH bin chvan-ga*

As doenças que podem acometer você durante a viagem são incontáveis, contudo, com um pouco de sorte, o que quer que seja que o estiver incomodando será facilmente diagnosticado e tratado. Veja na Tabela 11.6 frases que o ajudarão a entender e discutir sua condição médica com o atendente.

Tabela 11.6 Doenças e Outros Problemas Médicos

Português	Alemão	Pronúncia
reação alérgica	die allergische Reaktion	*di a-ler-gui-che re-ak-tsion*
alergia	die Allergie	*di a-ler-gui*
angina	die Angina	*di an-gui-na*

continua

Tabela 11.6 Doenças e Outros Problemas Médicos (cont.)

Português	Alemão	Pronúncia
apendicite	die Blinddarmentzündung	*di blind-dar-men-tsün-dung*
asma	das Asthma	*das ast-ma*
pé de atleta	der Fuβpilz	*der fuss-pilts*
bronquite	die Bronchitis	*di bron-qui-tis*
câncer	der Krebs	*dér krébs*
resfriado comum	der Schnupfen/die Erkältung	*dér chnup-fen/di er-quél-tung*
diabetes	die Diabetis	*di di-a-be-tis*
vertigem/tontura	die Schwindelgefühle	*di chvin-del-gue-fü-le*
infecção	die Entzündung	*di en-tsün-dung*
gripe	die Grippe	*di gri-pe*
febre do feno/rinite alérgica	der Heuschnupfen	*dér hói-chnup-fen*
ataque cardíaco/ infarto	der Herzinfarkt	*dér herts-in-farkt*
hepatite	die Hepatitis	*di he-pa-ti-tis*
pneumonia	die Lungenentzündung	*di lun-guen-en-tsün-dung*
queimadura de sol	der Sonnenbrand	*dér zô-nen-brant*
derrame/acidente vascular cerebral	der Schlaganfall	*dér chlag-an-fal*
tuberculose	die Tuberkulose	*di tu-ber-ku-lô-ze*

Especialistas e Instalações Médicas

Se você precisar de tratamento especializado, veja na Tabela 11.7 os tipos de especialista e o nome dos lugares aonde precisará ir.

Tabela 11.7 Instalações para Tratamento Médico

Português	Alemão	Pronúncia
ambulância	der Krankenwagen	*dér kran-quen-va-guen*
ambulância com médico	der Notarztwagen	*dér not-artst-va-guen*
pronto-socorro/ emergência	die Notaufnahme	*di not-auf-nâ-me*
hospital	das Krankenhaus	*das kran-quen-haus*
médico especialista em tratamento de acidentados	der Unfallarzt (m.)/die Unfallärztin (f.)	*dér un-fal-artst (m)/di un-fal-érts-tin*
consultório médico	die Arztpraxis	*di artst-prac-sis*

Suprimentos Médicos

Depois que o seu problema for diagnosticado e um tratamento for recomendado, você precisará conseguir os medicamentos e suprimentos necessários. Provavelmente sua primeira parada será na farmácia, ou *die Apotheke (di a-po-té-que)*. As frases na Tabela 11.8 vão ajudar você a "operar" com segurança quando estiver lá.

Tabela 11.8 Na Farmácia

Português	Alemão	Pronúncia
Onde fica a farmácia mais próxima?	Wo ist die nächste Apotheke?	*vô ist di néks-te a-pô-té-que*
Gostaria de comprar o que está escrito nesta receita.	Ich möchte dieses Rezept einlösen.	*iH mêch-te di-zes re-tsépt áin-lô-zen*
Você teria algo para (dor)?	Haben Sie etwas gegen (Schmerzen)?	*ha-ben zi et-vas gue-guen (chmér-tsen)*
Você teria um pacote menor/maior?	Haben Sie eine kleinere/gröβere Packung?	*ha-ben zi ái-ne klái-ne-rre/grô-sse-rre pa-kung*

O lugar que vende material de higiene e produtos de beleza é chamado de *Drogerie (dro-gue-rri)*. Veja na Tabela 11.9 os produtos que são vendidos em uma drogaria ou os *Drogerieartikel.*

Bem-vindo à Alemanha

E por Falar Nisso...

Você só pode comprar medicamentos em uma *Apotheke*, em cuja fachada geralmente há um "A" vermelho. Se a *Apotheke* mais próxima estiver fechada, procure pelo aviso na porta que informa a localização da farmácia mais próxima que estiver de plantão noturno (*Nachdienst)* ou que trabalhe nos fins de semana (*Wochenenddienst)*.

Tabela 11.9 Na Drogaria

Português	Alemão	Pronúncia
álcool	der Alkohol	*dér al-ko-hol*
antiácido	das Mittel gegen Sodbrennen	*das mi-tel gue-guen zod-bre-nen*
anti-histamínico	das Antihistamin	*das an-ti-his-ta-min*
antisséptico	das Desinfektionsmittel	*das de-zin-fek-tsions-mi-tel*
aspirina	das Aspirin	*das as-pi-rin*
atadura	die Bandagen	*di ban-da-gen*
curativo adesivo	die Pflaster	*di pflas-tar*
grampos de cabelo	die Haarspangen	*di har-chpan-guen*
mamadeira	das Fläschchen	*das flésh-chen*
escova	die Bürste	*di bürs-te*
pente	der Kamm	*dér kam*
preservativos	die Kondome	*di kon-do-me*
fluído para lentes de contato	die Kontaktlinsenflüssigkeit	*di kon-takt-lin-zen-flü-ssig-káit*
algodão	die Watte	*di va-te*
pastilhas para tosse	die Hustenbonbons	*di hus-ten-bon-bons*
xarope para tosse	der Hustensaft	*dér hus-ten-zaft*
desodorante	das Deo	*das deo*
fralda descartável	die Windel	*die vin-del*
colírio	die Augentropfen	*di au-guen-trop-fen*
bolsa de água quente	das Wärmekissen	*das vér-me-qui-ssen*
bolsa de gelo	der Kühlakku	*dér kül / -aku*
laxante	das Abführmittel	*das ap-für-mi-tel*

continua

Tabela 11.9 Na Drogaria (continuação)

Português	Alemão	Pronúncia
maquiagem	das Makeup	*das meik-ap*
enxaguante/antisséptico bucal	das Mundwasser	*das munt-va-ssar*
lixa de unha	die Nagelfeile	*di na-guel-fai-le*
(removedor de) esmalte	der Nagellack (-entferner)	*dér na-guel-lak (-ent-fér-ner)*
gotas para o nariz / descongestionante nasal	die Nasentropfen	*di na-zen-trop-fen*
chupeta	der Schnuller	*der chnu-lar*
barbeador	der Rasierer	*dér rra-zi-rrar*
alfinete	die Sicherheitsnadeln	*di zi-char-háits-na-deln*
absorvente higiênico	die Binden	*di bin-den*
xampu (anticaspa)	das (Schuppen-) Shampoo	*das (chu-pen) cham-pu*
creme de barbear	die Rasiercreme	*di rra-zi-ar-crem*
sonífero/pílulas para dormir	die Schlaftabletten	*di chlaf-ta-ble-ten*
sabonete	die Seife	*di zai-fe*
protetor solar	die Sonnencreme	*di zo-nen-crem*
absorvente interno	der Tampon	*dér tam-pon*
termômetro	das Thermometer	*das ter-mo-mê-tar*
lenço (de papel)	die (Papier-) Taschentücher	*di (pa-pi-ar) ta-chen-tü-char*
escova de dentes	die Zahnbürste	*di tsân-bürs-te*

Tabela 11.9 Na Drogaria (continuação)

Português	Alemão	Pronúncia
pasta de dente	die Zahnpaste	*di tsân-pas-te*
pinça	die Pinzette	*di pin-tsé-te*
vitaminas	die Vitamine	*di vi-ta-mi-ne*

Outros Auxiliares

Com exceção dos aparelhos auditivos, todos os outros acessórios listados na Tabela 11.10 podem ser encontrados nas lojas de equipamentos médicos conhecidas como *Sanitäthaus (za-ni-téts-haus).*

Tabela 11.10 Órteses

Português	Alemão	Pronúncia
bengala	der Stock	*dér chtók*
muletas	die Krücken	*di krü-quen*
aparelho auditivo	das Hörgerät	*das hôr-gue-rrét*
andador	die Gehhilfe	*di gue-hil-fe*
cadeira de rodas	der Rollstuhl	*dér rol-chtul*

Esperamos que você não tenha que usar as frases contidas neste capítulo. Mesmo assim, sempre é bom estar preparado.

Capítulo 12

Pronto Para o Que Der e Vier

Neste Capítulo:

- Obtendo e oferecendo ajuda
- Comunicando seu problema
- Encontrando o lugar certo para obter a ajuda que precisa
- Pneus furados e outros inconvenientes
- Lidando com problemas ou emergências

Neste mundo em que vivemos, precisamos estar sempre preparados para lidar com emergências. Quanto mais preparados estivermos, mais facilmente conseguiremos resolver os problemas no caso de um acidente ou imprevisto acontecer.

Neste capítulo, você vai aprender a pedir ajuda e a ajudar o próximo, a expressar uma variedade de situações e a se comunicar com os outros na eventualidade de uma emergência.

Ajudando e Sendo Ajudado

Todos nós passamos de vez em quando por situações em que vamos precisar contar com o apoio de alguém e não é vergonha alguma pedir por ajuda quando necessário. Veja na Tabela 12.1 como fazer isso e também como oferecer auxílio ao próximo.

Tabela 12.1 Pedindo e Oferecendo Auxílio

Português	Alemão	Pronúncia
Ajude-me, por favor!	Bitte helfen Sie mir!	*bi-te hel-fen-zi mi-ar*
Estou perdido.	Ich habe mich verirrt.	*iH ha-be mich fer-irt*
Preciso de um intérprete/de um médico.	Ich brauche einen Dolmetscher/Arzt.	*iH brau-He ái-nen dol-mé-tcher/artst*
Alguém aqui fala português?	Spricht hier jemand Portuguiesisch?	*chpricht hi-ar ie-mand por-tu-gui-zish*
Por favor, ligue para...	Bitte rufen Sie...	*bi-te rru-fen zi*
a polícia	die Polizei	*di pó-li-tsái*
uma ambulância	einen Krankenwagen.	*ái-nen kran-quen-va-guen*
os bombeiros	die Feuerwehr	*di fói-ar-vér*
Eu não entendo isso/você.	Ich verstehe es/Sie nicht.	*iH fer-chte-ê ês/zi nicht*
Desculpe/Com licença.	Entschuldigung.	*ent-chul-di-gung*
Por favor, repita.	Bitte wiederholen Sie.	*bi-te vi-dar-ho-len zi*

Expressando-se com Clareza

Quando algo dá errado, você precisa saber como comunicar a situação em que se meteu. As frases na Tabela 12.2 vão lhe ajudar nisso.

Tabela 12.2 Explicando Sua Situação

Português	Alemão	Pronúncia
Eu perdi...	Ich habe...verloren.	*iH ha-be fer-lo-rren*
meu passaporte	meinen Paβ	*main pass*
minha carteira	mein Portemonnaie	*máin por-te-mo-ne*
Alguém roubou...	Jemand hat... gestohlen.	*ie-mand hat ... guês-to-len*
minha bolsa	meine Handtasche	*mái-ne hand-ta-che*
minha mala	meinen Koffer	*mái-nen ko-far*
meu relógio/minhas joias	meine Uhr/meinen Schmuck	*mái-ne u-ar/mái-nen chmuk*
Fui agredido/atacado.	Jemand hat mich angegriffen.	*ie-mand hat mich an-gue-gri-fen*

Indo Aonde Você Precisa

Na eventualidade de lhe ocorrer uma emergência, você precisa saber como localizar um hospital ou outro local qualquer onde possa conseguir ajuda. A Tabela 12.3 traz nomes de alguns lugares desse tipo.

Bem-vindo à Alemanha

E por Falar Nisso...

Os números de emergência na Alemanha são: 110 para a polícia e 112 para os bombeiros. É uma boa ideia deixar esses números sempre à mão - se por acaso vier a precisar.

Tabela 12.3 Indo para o Lugar Certo

Português	Alemão	Pronúncia
Onde fica...?	Wo ist...?	*vô ist*
a delegacia de polícia	die Polizeiamt	*di po-li-tsái-amt*
o consulado brasileiro	das brasilianische Konsulat	*das bra-zi-lia-ni-che kon-zu-lat*
a embaixada brasileira	die brasilianische Botschaft	*di bra-zi-lia-ni-che bot-chaft*
o hospital mais próximo	das nächste Kranke-nhaus	*das néks-te kran-quen-haus*
a oficina mecânica mais próxima	die nächste Werkstatt	*di néks-te verk-chtat*
É perto?	Ist es nahe?	*ist ês na-ê*
É longe?	Ist es weit?	*ist ês vait*

Lidando com Emergências Automobilísticas

Um dos tipos mais comuns de emergência são os problemas que acontecem com o carro. Dependendo da gravidade, o problema pode não passar de um incômodo ou se tornar uma tragédia. Se você tiver que lidar com problemas com seu carro, vamos torcer para que seja apenas um inconveniente sem importância, como um pneu furado ou uma bateria descarregada. Contudo, mesmo que aconteçam problemas mais sérios, a Tabela 12.4 vai lhe ajudar a conseguir a ajuda necessária.

Bem-vindo à Alemanha

E por Falar Nisso...

Na Alemanha existem telefones de emergência localizados ao longo das rodovias, de modo que você pode contatar a polícia rodoviária se precisar de ajuda. Pequenas setas em postes brancos ladeando a rodovia apontam na direção do telefone mais próximo.

Tabela 12.4 Emergências Automobilísticas

Português	Alemão	Pronúncia
Sofri um acidente de carro.	Ich habe einen Autounfall.	*iH ha-be ái-nen au-to-un-fal*
O carro quebrou.	Ich habe eine Autopanne.	*iH ha-be ái-ne au-to-pâ-ne*
O pneu furou.	Ich habe einen platten Reifen.	*iH ha-be ái-nen pla-ten rrái-fen*
Preciso de...	Ich brauche...	*iH brau-He*
ajuda	Hilfe	*hil-fe*
uma ambulância	einen Krankenwagen	*ái-nen kran-quen-va-guen*
um mecânico	einen Automechaniker	*ái-nen au-to-me-cha-ni-car*
um guincho	einen Abschleppwagen	*ái-nen ap-chlep-va-guen*

Bem-vindo à Alemanha

E por Falar Nisso...

Se você se envolver em um acidente ou se o seu carro "pifar", é preciso sinalizar o lugar com o triângulo vermelho de emergência, que deve ser colocado a uma distância adequada. Todos os carros devem estar equipados com esse equipamento de segurança, além de um kit de primeiros socorros e um kit de lâmpadas sobressalentes. Se você for alugar um carro, esses itens deverão estar dentro do veículo.

Lidando com Situações de Emergência

Quando tiver que enfrentar um problema sério, é importante saber como reagir. As frases na Tabela 12.5 vão lhe ajudar a lidar com uma grande variedade de situações e a se comunicar com pessoas aptas a lhe ajudar ou que estejam passando por uma situação de emergência.

Tabela 12.5 Enfrentando Problemas e Emergências

Português	Alemão	Pronúncia
Acalme-se!	Beruhigen Sie sich!	be-rru-i-guen zi zich
Venha (rápido)!	Kommen Sie (schnell)!	ko-men zi (chnel)
Não se preocupe!	Machen Sie sich keine Sorgen!	ma-Hen zi zich kái-ne zór-guen
Cuidado!	Vorsichtig!	fór-zich-tich
Fogo!	Feuer!	fói-ar

Tabela 12.5 Enfrentando Problemas e Emergências (cont.)

Português	Alemão	Pronúncia
Vá embora!	Gehen Sie Weg!	gue-ên zi vék
Eu estou com um problema.	Ich habe ein Problem!	iH ha-be áin pro-blem
Socorro!	Hilfe!	hil-fe
Apresse-se!	Machen Sie schnell!	ma-Hen zi chnel
Não é de sua conta!	Es geht Sie nichts an.	ês guêt zi nichts an
Deixe-me em paz!	Lassen Sie mich in Ruhe!	la-ssen zi mich in rru-ê
Olhe!	Schauen Sie!	chau-en zi
Ouça!	Hören Sie!	hô-ren zi
Ele (ela) está me seguindo!	Er (sie) folgt mir.	er (zi) folgt mi-ar
Pare!	Stop!/Halt!	chtop/halt
Detenha-o/a!	Halten Sie ihn (sie) auf!	hal-ten zi in/zi auf
Não se exalte!	Regen Sie sich nicht auf!	rre-guen zi zich nicht auf
Espere!	Warten Sie!	var-ten zi
Atenção!	Achtung!	aH-tung
Qual é o problema?	Was ist los?	vas ist lôs

Tomara que você não encontre grandes problemas ou emergências durante suas viagens. Porém, é sempre uma boa ideia antecipar-se a um potencial inconveniente e pensar em como poderia lidar com o problema, se caso algo vier a acontecer.

Capítulo 13

Administrando os Negócios

Neste Capítulo:

- Circulando pelos correios
- Falando ao telefone
- Resolvendo problemas ao telefone
- Usando o computador
- Usando o fax e a copiadora

Se você estiver em um país de língua alemã a trabalho ou mesmo se estiver viajando a lazer, provavelmente você vai precisar saber algum vocabulário relacionado a telefones, computadores e outros meios de comunicação. Neste capítulo, você aprenderá frases que vai precisar para se sair bem em uma agência de correios ou quando estiver ao telefone ou em qualquer outra situação relacionada a negócios.

Nos Correios

Você precisa saber certas frases se quiser mandar ou receber correspondência. Seja para enviar um simples cartão postal para a casa dos amigos ou para mandar um pacote urgente por motivo de negócios, as palavras na Tabela 13.1 vão lhe ajudar.

Tabela 13.1 O Jargão dos Correios

Português	Alemão	Pronúncia
endereço	die Adresse	*di a-dre-sse*
destinatário	der Empfänger	*dér emp-fén-gar*
via aérea	(mit) Luftpost (f.)	*(mit) Luft-pôst*
envelope	der Umschlag	*dér um-chlag*
carta	der Brief	*dér brif*
caixa de correio	der Briefkasten	*dér brif-kas-ten*
pacote	das Paket	*das pa-quêt*
código postal	die Postleitzahl	*di post-láit-tsal*
cartão postal	die Postkarte	*di post-kar-te*
tarifa/taxa	der Tarif	*dér ta-rif*
carta registrada	(per) Einschreiben (n.)	*(per) áin-chrai-ben*
encomenda urgente	(per) Eilbote	*(per) ail-bô-te*
selo	die Briefmarke	*di brif-mar-que*
Quanto custa (uma carta) para...?	Was kostet (ein Brief) nach...?	*vas kos-tet (áin brif) naH*
Gostaria de mandar isto (por via aérea).	Ich möchte das (mit Luftpost) schicken.	*iH môch-te das (mit luft-pôst) chi-quen*
Quanto pesa?	Wieviel wiegt es?	*vi-fil vigt ês*
Quando vai chegar?	Wann wird es ankommen?	*van vird ês an-ko-men*

Mantendo Contato por Telefone

Os telefones públicos, a maioria com menus em inglês, são comuns nas ruas alemãs e em alguns restaurantes e cafeterias. A maioria é operada por meio de um cartão com chip, que pode ser comprado nas agências do correio ou em bancas de jornal. A Tabela 13.2 vai lhe ensinar o que dizer e fazer quando usar um desses telefones.

Tabela 13.2 Frases Ligadas ao Telefone

Português	Alemão	Pronúncia
código de área	die Vorwahl	*di for-val*
cartão telefônico	die Telefonkarte	*di tê-le-fon-kar-te*
chamada local	das Nahgespräch	*das na-gues-préch*
chamada (internacional) de longa distância (para)	das (internationale) Ferngesprächt (nach)	*das (in-ter-na-tsio-nah-le) fern-gues-préch*
cabine de telefone público/orelhão	das Telefonhäuschen	*das tê-le-fon-hóis-Hen*
(Eu gostaria de) ligar.../ telefonar...	(Ich möchte) ...anrufen/ telefonieren	*(iH môch-te) ... an-rru-fen/te-le-fo-ni-rren*
discar	wählen	*vé-len*
desligar (colocar o fone no gancho)	den Hörer auflegen	*den hô-rar auf-le-guen*
inserir o cartão	die Karte einführen	*die kar-te áin-fü-ren*
deixar uma mensagem	eine Nachricht hinterlassen	*ái-ne naH-richt hin-tar-la-ssen*
retirar o fone do gancho	den Hörer abheben	*den hô-rar ap-he-ben*
você sabe o código de área (de)...?	Wissen Sie die Vorwahl (nach)...?	*vi-ssen zi di for-val (naH)*

Bem-vindo à Alemanha

E por Falar Nisso...

Os telefones celulares são muito comuns na Europa. Mas nem por isso leve o seu celular do Brasil para lá esperando que vá funcionar. Isso porque a rede operadora europeia é diferente da que usamos aqui no Brasil, por isso, seu celular brasileiro não vai funcionar. Se você precisar de um telefone sem fio, pode alugar um no aeroporto. Ou pode comprar um cartão SIM (Subscriber Information Module), com créditos que serão carregados assim que o inserir no seu telefone. Os cartões SIM estão disponíveis em bancas de jornal e postos de gasolina, mas não funcionam em qualquer tipo de celular.

"Alô" e "Tchau"

Claro que você vai querer saber as frases de que poderá precisar para entrar em contato com alguém por telefone, não importa se estiver fazendo a ligação por motivos de trabalho ou por puro prazer. A Tabela 13.3 vai ajudar.

Bem-vindo à Alemanha

E por Falar Nisso...

Ao atender ao telefone, os alemães geralmente dizem o sobrenome. Às vezes, pode-se ouvir também o *Hier Schmidt* (Aqui, o Schmidt) ou se for no ambiente de trabalho, *Schmidt am Apparat* (Schmidt ao telefone). Portanto, quando estiver fazendo uma ligação, identifique-se também, por sua vez, logo após o cumprimento inicial.

Tabela 13.3 O Básico do Telefone

Português	Alemão	Pronúncia
alô/oi/olá	Hallo	*ha-lô*
É da casa de...?	Bin ich bei...?	*bin iH bai*
Aqui é....(falando).	Hier ist...(am Apparat).	*hi-ar ist... (am a-pa-rrat)*
O(a) ... está?	Ist...da?	*ist...da*
Um momento, por favor.	Ein Moment, bitte.	*áin mo-ment, bi-te*
Eu gostaria de falar com...	Ich möchte bitte mit... sprechen.	*iH môch-te bi-te mit... chpré-chen*
Ele/ela não está.	Er/sie ist nicht da.	*er/zi ist nicht da*
Quando ele/ela vai voltar?	Wann kommt er/sie zurück?	*van komt er/zi tsu-rük*
Posso deixar um recado?	Kann ich eine Nachricht hinterlassen?	*kan iH ái-ne naH-richt hin-tar-la-ssen*
Eu ligo mais tarde.	Ich rufe später noch einmal an.	*iH rru-fe chpê-tar noH áin-mal an*
Até mais/tchau (somente ao telefone).	Auf Wiederhören.	*auf vi-dar-ho-ren*

Antecipando Problemas

Apesar de ser tão maravilhoso o fato de sermos capazes de pegar o telefone e ligar para alguém do outro lado da cidade ou do mundo, ainda assim, às vezes algo pode dar errado. Se isso acontecer, as frases na Tabela 13.4 podem lhe ajudar a resolver os problemas sem perder a calma.

Tabela 13.4 Problemas ao Telefone

Português	Alemão	Pronúncia
Pra que número você ligou?	Welche Nummer rufen Sie an?	*vél-che nu-mar rru-fen zi an*
Foi engano./Disquei o número errado.	Ich habe mich verwählt.	*iH ha-be mich fer-vélt*
Você ligou no número errado.	Sie haben sich verwählt.	*zi ha-ben zich fer-vélt*
A ligação caiu (está ruim).	Die Verbindung ist abgerissen (schlecht).	*di fer-bin-dung ist ap-gue-rri-ssen (chlécht)*
Disque o número mais uma vez, por favor.	Wählen Sie die Nummer noch einmal, bitte.	*vé-len zi di nu-mar noH áin-mal, bi-te*
Esse número não existe.	Kein Anschluβ unter dieser Nummer.	*kain an-chluss un-tar di-zar nu-mar*
Esse é o código de área/código de país correto de...?	Ist das die richtige Vorwahl/Ländervorwahl für...?	*ist das di rich-ti-gue for-val/lén-dar-for-val für*

Usando o Computador

Se você estiver viajando a trabalho para um país de língua alemã e não estiver levando o seu próprio computador pessoal, tente descobrir com antecedência que tipo de equipamento você terá por lá à sua disposição. Se estiver planejando levar um *laptop*, informe-se antes sobre o tipo de adaptador de que vai precisar e se eles são facilmente encontrados nas lojas. As tomadas são diferentes na Alemanha e a corrente elétrica padrão é 240 volts. Por sorte, muitos dos softwares que são usados costumeiramente nos lares e escritórios são os mesmos dos dois lados do Atlântico. Use as frases da Tabela 13.5 para sua "conversa de computador".

Tabela 13.5 Frases Conectadas ao Computador

Português	Alemão	Pronúncia
Que tipo de computador você tem?	Welche Art Computer haben Sie?	*vél-che art com--piu-tar ha-ben zi*
Que sistema operacional você usa?	Welches Betriebssystem benutzen Sie?	*vél-ches be-tribs-zis-tem be-nu-tsen zi*
Que programas você usa?	Welche Programme benutzen Sie?	*vél-che pro-gra-me be-nu-tsen zi*
Que tipo de conexão com a internet você tem?	Welche Internet Verbindung haben Sie?	*vél-che in-ter-net fer-bin-dung ha-ben zi*
Como/Onde posso acessar a internet?	Wie/Wo kann ich ans Internet?	*vi/vô kan iH ans in-ter-net*
Você tem uma impressora?	Haben Sie einen Drucker?	*ha-ben zi ái-nen dru-car*

"Você Pode Mandar Isso por Fax, Por Favor?"

Os fac-símiles ou aparelhos de fax, como são mais comumente conhecidos, são importantes ferramentas na hora de fazer negócios e, às vezes, vem a calhar para assuntos privados também. Se você quer mandar ou receber um fax, as frases da Tabela 13.6 lhe serão de muita utilidade.

Tabela 13.6 Conversa de Fax

Português	Alemão	Pronúncia
Você tem um aparelho de fax?	Haben Sie ein Faxgerät?	*ha-ben zi áin facs-gue-rrét*
Eu queria passar (receber) um fax.	Ich möchte ein Fax senden (empfangen).	*iH môch-te áin facs zen-den (emp-fân-guen)*
Posso mandar por fax esse documento (para você)?	Kann ich (Ihnen) dieses Dokument faxen?	*kan iH (i-nen) di-zes do-ku-ment fac-sen*
Mande-me por fax.	Faxen Sie es mir.	*fac-sen zi ês mi-ar*
Você recebeu meu fax?	Haben Sie mein Fax erhalten?	*ha-ben zi máin facs er-hal-ten*
Eu (não) recebi seu fax.	Ich habe Ihr Fax (nicht) erhalten.	*iH ha-be ir facs (nicht) er-hal-ten*
O fax está ilegível.	Ihr Fax ist unlesbar.	*ir facs ist un-lês-bar*
Por favor, mande de novo.	Bitte schicken Sie es noch einmal.	*bi-te chi-quen zi ês noH áin-mal*
Por favor, confirme o recebimento.	Bitte Erhalt bestätigen.	*bi-te er-halt bes-té-ti-guen*

Tirando Cópias

Estabelecimentos onde se podem tirar cópias são comuns em muitas partes da Europa, incluindo os países de língua alemã. O verbo alemão para "tirar cópias" é *fotokopierren (fo-to-ko-pi-rren)* e algumas frases para agilizar o serviço estão na Tabela 13.7

Tabela 13.7 Tirando Cópias

Português	Alemão	Pronúncia
Queria tirar uma cópia deste documento.	Ich möchte eine Kopie von diesem Dokument machen.	*iH môch-te ái-ne ko-pi fon di-zem do-ku-ment ma-Hen*
Quanto custa por página/folha?	Wieviel kostet es pro Seite?	*vi-fil kós-tet ês prô zai-te*
Você poderia ampliar (em 50%)?	Können Sie es (um fünfzig Prozent) vergrößern?	*kô-nen zi ês (um fünf-tsich pro-tsent) fer-grô-ssern*
Você pode diminuir (em 25%)?	Können Sie es (um fünfundzwanzig Prozent) verkleinern?	*kô-nen zi ês (um fünf-unt-tsvan-tsich pro-tsent) fer-klai-nern*
Você pode copiar isso tudo em uma página (em...páginas)?	Können Sie das alles auf eine Seite (auf ...Seiten) kopieren?	*kô-nen zi das a-les auf ái-ne zai-te (auf...zai-ten) ko-pi-rren*
Você pode tirar uma cópia colorida?	Können Sie eine Farbkopie machen?	*kô-nen zi ái-ne farb-ko-pi ma-Hen*

Se você estiver visitando a Alemanha a trabalho, as frases deste capítulo vão ajudar bastante. Lembre-se, contudo, que muito trabalho e pouca diversão podem deixar a viagem sem graça e cansativa. Saia e veja o que há para ser visto!

Capítulo 14

Os Verbos num Piscar de Olhos

Neste Capítulo:

- Usando os verbos no presente
- Entendendo o passado
- Falando sobre o futuro
- Verbos modais
- Dando ordens

Um verbo é uma palavra que expressa ação ou a existência de algo, tal como "cantar" ou "ser". Tanto em alemão como em português os verbos podem ser flexionados de formas diferentes. Os tempos - passado, presente e futuro - especificam quando alguma coisa acontece. Quando nós dizemos "eu canto", nos referimos ao presente, "eu cantarei" se refere ao futuro.

E quando conjugamos o verbo, tal como em "nós cantamos" ou "ela canta", indicamos quem está realizando a ação. Também existe a opção dos modos. O modo indicativo simplesmente enuncia uma coisa ("ela canta?" ou "ela vai cantar", o imperativo é um comando ("Cante!") e o modo subjuntivo expressa um realidade imaginária ("Ela iria cantar").

Neste capítulo vamos dar uma olhada nos verbos e o papel que desempenham na língua alemã. Vamos começar pelo presente.

Aqui e Agora: O Tempo Presente

O presente é usado para expressar tudo que está ocorrendo agora ou em um futuro previsível, tal como nestes exemplos:

Ich mag Rockmusik.

Eu gosto de rock.

Im Sommer fahre ich nach Zürich.

No verão vou (de carro) para Zurique.

O que é Isso?

O alemão só tem uma forma de tempo presente. Isso quer dizer que "eu estou dirigindo" e "eu dirijo" se escrevem ambos "Ich fahre".

A maioria dos verbos alemães são conjugados de acordo com o padrão mostrado em negrito na Tabela 14.1

Tabela 14.1 Conjugação No Tempo Presente

Sujeito	Kommen	"Vir"
ich	komm**e**	eu venho
du	komm**st**	você vem/tu vens (informal)
er, sie, es	komm**t**	ele/ela vem
wir	komm**en**	nós vimos
ihr	komm**t**	vós vindes
sie	komm**en**	eles vêm
		você vem (formal-neste caso *Sie* se escreve com *s* maiúsculo).

Outros verbos que seguem esse padrão estão listados na Tabela 14.2.

Tabela 14.2 Verbos Regulares

Alemão	Português
arbeiten*	trabalhar
brauchen	precisar
fragen	perguntar
gehen	ir
finden*	encontrar
reisen	viajar
sagen	dizer
suchen	procurar
warten*	esperar

Esses verbos formam a conjugação de du com o final -est: du arbeit*est*, du find*est*, du wart*est

Outros verbos de uso frequente seguem um padrão irregular, conforme mostrado nas Tabelas 14.3 a 14.5.

Tabela 14.3 Conjugação no Tempo Presente - *Haben* ("Ter")

Sujeito	Haben	"Ter"
ich	hab**e**	eu tenho
du	ha**st**	você tem (informal)
er, sie, es	ha**t**	ele/ela tem
wir	hab**en**	nós temos
ihr	hab**t**	vocês têm
sie	haben	eles têm você tem (formal-neste caso *Sie* se escreve com *s* maiúsculo).

Tabela 14.4 Conjugação no Tempo Presente - *Sein* ("Ser/Estar")

Sujeito	Sein	"Ser/Estar"
ich	bin	eu sou/estou
du	bi**st**	você é/está (informal)
er, sie, es	ist	ele/ela é/está
wir	sind	nós somos/estamos
ihr	seid	vocês são/estão
sie	sind	eles são/estão você é/está (formal-neste caso *Sie* se escreve com *s* maiúsculo).

Tabela 14.5 Conjugação no Tempo Presente - *Mögen* ("Gostar")

Sujeito	Mögen	"Gostar"
ich	mag	eu gosto
du	mag**st**	você gosta (informal)
er, sie, es	mag	ele/ela gosta
wir	mög**en**	nós gostamos
ihr	mög**t**	vocês gostam
sie	mög**en**	eles gostam
		você gosta (formal-neste caso *Sie* se escreve com *s* maiúsculo).

Para pedidos educados, use a forma subjuntiva do verbo (como se faz em português), conforme mostrado na Tabela 14.6.

Tabela 14.6 Conjugação no Tempo Presente do Subjuntivo - *Mögen* ("Gostar")

Sujeito	Mögen	"Gostar"
ich	möcht**e**	eu gostaria
du	möcht**est**	você gostaria (informal)
er, sie, es	möcht**e**	ele/ela gostaria
wir	möcht**en**	nós gostaríamos
ihr	möcht**et**	vocês gostariam
sie	möcht**en**	eles gostariam
		você gostaria (formal -neste caso *Sie* se escreve com *s* maiúsculo).

O Passado - Perfeito!

Em alemão, tal como em português, existem várias formas para indicar o passado: O pretérito imperfeito, o pretérito perfeito e o pretérito mais que perfeito.

Na linguagem oral alemã, usa-se o pretérito perfeito (*Perfekt*) quase que o tempo todo. Será mais seguro se você usar esse tempo para relatar eventos que aconteceram no passado. Veja como formar o pretérito perfeito na Tabela 14.7.

Tabela 14.7 O Pretérito Perfeito

Sujeito	Forma do verbo "Haben-Ter" ou forma do verbo "sein-ser"	Particípio Passado do verbo principal	Português
Ich	habe	verloren	eu perdi
Wir	sind	gegangen	nós fomos

Use o verbo "*sein* - ser" para os verbos que expressam uma mudança de posição ou de condição: *bleiben* (ficar), *folgen* (seguir), *gehen* (ir), *kommen* (vir), *reisen* (viajar), *sein* (ser, estar) e *wandern* (caminhar, excursionar a pé) são alguns exemplos desse tipo de verbo.

O Que É Isso?

Para encontrar a raiz de um verbo, elimine a terminação -*en* da forma infinitiva: *komm(en), brauch(en), reis(en).*

É possível formar o particípio passado de várias maneiras. Com os chamados "verbos fracos", adicione *ge-* à frente ao radical do verbo e *-t* ou *-et* ao final. Com os "verbos fortes", adicione *ge-* à frente e *-en* ao final. Os "verbos fortes" geralmente modificam a vogal do radical. Verbos que têm prefixos como *be-* ou *ver-* mantêm esses prefixos no particípio passado. A Tabela 14.8 lista vários verbos no particípio passado.

Tabela 14.8 Particípio Passado e a Formação do Pretérito Perfeito

Infinivo	Particípio Passado	Perfekt	Português
ankommen	angekommen*	Ich bin angekommen	eu cheguei
besichtigen	besichtigt	Ich habe besichtigt	eu visitei (lugares)
besuchen	besucht	Ich habe besucht	eu visitei (pessoas)
bleiben	geblieben *	Ich bin geblieben	eu fiquei
fragen	gefragt	Ich habe gefragt	eu perguntei
finden	gefunden	Ich habe gefunden	eu encontrei
gehen	gegangen *	Ich bin gegangen	eu fui
essen	gegessen	Ich habe gegessen	eu comi
haben	gehabt	Ich habe gehabt	eu tive
hören	gehört	Ich habe gehört	eu ouvi
mögen	gemocht	Ich habe gemocht	eu gostei
nehmen	genommen	Ich habe genommen	eu peguei
lernen	gerlernt	Ich habe gerlernt	eu aprendi
reisen	gereist *	Ich bin gereist	eu viajei

continua

Tabela 14.8 Particípio Passado e a Formação do Pretérito Perfeito. (continuação)

Infinivo	Particípio Passado	Perfekt	Português
sehen	gesehen	Ich habe gesehen	eu vi
schlafen	geschlafen	Ich habe geschlafen	eu dormi
sprechen	gesprochen	Ich habe gesprochen	eu falei
warten	gewartet	Ich habe gewartet	eu esperei
sein	gewesen *	Ich bin gewesen	eu estive
wissen	gewuβt	Ich habe gewuβt	eu soube
vergessen	vergessen	Ich habe vergessen	eu esqueci
verlieren	verloren	Ich habe verloren	eu perdi
verstehen	verstanden	Ich habe verstanden	eu entendi

* Estes verbos formam o Pretérito Perfeito (*Perfekt*) com o auxiliar *sein.*

Olhando para o Futuro

Os alemães costumam usar o verbo no tempo presente para falar de coisas que vão acontecer no futuro, simplesmente adicionando palavras como *morgen* (amanhã) ou expressões como *in zwei Wochen* (em duas semanas). Mas quando se quer enfatizar justamente essa noção de que algo vai ocorrer no futuro, usa-se o tempo futuro do verbo, que a Tabela 14.9 vai ensinar a construir.

Tabela 14.9 Conjugação no Tempo Futuro

Sujeito	Forma conjugada do auxiliar Werden	Verbo principal no infinitivo	Português
ich	werde	ankommen	Eu vou chegar/ chegarei.
du	wirst	sehen	Você vai ver/ verá.
er, sie, es	wird	schlafen	Ele/ela vai dormir/ dormirá.
wir	werden	bleiben	Nós vamos ficar/ficaremos.
ihr	werdet	besichtigen	Vocês vão visitar/visitarão.
sie	werden	nehmen	Eles vão pegar/pegarão
			Você vai pegar/pegará (formal-neste caso *Sie* se escreve com *s* maiúsculo).

Verbos Reflexivos

Certos verbos da língua alemã precisam ser acompanhados sempre por um pronome reflexivo. Tal como em português dizemos "Eu **me** lembro", em alemão se diz "Ich erinnere **mich**". A lista de verbos reflexivos inclui *sich freuen* (alegrar-se), *sich setzen* (sentar-se), *sich weigern* (recusar-se) e *sich waschen* (lavar-se). Na Tabela 14.10 vamos conhecer os pronomes reflexivos para os outros sujeitos do verbo.

Tabela 14.10 Pronomes Reflexivos

Sujeito	Verbo Reflexivo	Pronome Reflexivo	Português
ich	wasche	mich	eu me lavo
du	wäscht	dich	você se lava
er, sie, es	wäscht	sich	ele/ela se lava
wir	waschen	uns	nós nos lavamos
ihr	wascht	euch	vocês se lavam
sie	waschen	sich	eles se lavam
			você se lava (formal-neste caso *Sie* se escreve com *s* maiúsculo).

Modifique Sua Fala Usando os Verbos Auxiliares

Os verbos auxiliares ou modais permitem que se modifique o discurso em alemão. Vale a pena conhecê-los, porque seu uso é muito frequente. A Tabela 14.11 apresenta os seis verbos modais.

Tabela 14.11 Verbos Modais

Alemão	Português
dürfen	ter permissão, ter direito de
können	poder, ser capaz de

Tabela 14.11 Verbos Modais (continuação)

Alemão	Português
mögen	querer, gostar de, desejar
müssen	dever, ter que, ser necessário, ser preciso
sollen	dever, ser obrigado a
wollen	querer, desejar

Quando usar os modais, construa as frases conforme mostrado na Tabela 14.12.

Tabela 14.12 Construindo Sentenças com Verbos Modais

Sujeito	Forma Conjugada do Auxiliar Modal	Verbo Principal no Infinitivo	Português
ich	will (nicht)	essen	Eu (não) quero comer.
wir	müssen	aufstehen	Nós devemos levantar.

As próximas tabelas listam os três modais usados com mais frequência, *können, müssen* e *wollen,* conjugados no tempo presente. (Para a conjugação de *mögen* veja a Tabela 14.5.)

Tabela 14.13 O Uso de *Können* como Verbo Modal

Sujeito	Können	"Poder, Ser Capaz de"
ich	kann	eu posso
du	kannst	você pode
er, sie, es	kann	ele/ela pode
wir	können	nós podemos
ihr	könnt	vocês podem
sie	können	eles podem
		você pode (formal -neste caso *Sie* se escreve com *s* maiúsculo)

Tabela 14.14 O Uso de *Müssen* como Verbo Modal

Sujeito	Müssen	"Dever, Ter Que"
ich	muss	eu devo
du	musst	você deve
er, sie, es	muss	ele/ela deve
wir	müssen	nós devemos
ihr	müsst	vocês devem
sie	müssen	eles devem
		você deve (formal -neste caso *Sie* se escreve com *s* maiúsculo)

Tabela 14.15 O Uso de *Wollen* como Verbo Modal

Sujeito	Wollen	"Querer, Desejar"
ich	will	eu quero
du	willst	você quer
er, sie, es	will	ele/ela quer
wir	wollen	nós queremos
ihr	wollt	vocês querem
sie	wollen	eles querem
		você quer (formal-neste caso *Sie* se escreve com *s* maiúsculo)

"Eu Te Ordeno!"

Quando você mandar alguém fazer algo, está usando o modo imperativo, seja em uma frase como "Vá embora!" ou em um educado "Me dê um copo de água, por favor." ou "Desculpe-me!". Em alemão temos três formas de imperativo, uma usada para o singular, outra para o plural e a forma para o *Sie* formal.

Para a maioria dos verbos, a forma singular é idêntica ao radical do verbo, e a forma plural é formada adicionando-se a terminação *-t*. Contudo, em certos "verbos fortes", a vogal do radical muda no imperativo singular. A forma para o *Sie*, que provavelmente é a que você vai mais usar, é construída simplesmente usando-se o infinitivo do verbo mais *Sie*. A Tabela 14.16 apresenta alguns exemplos.

14.16 O Modo Imperativo

Infinitivo	Imperativo Singular	Imperativo Plural	Sie Formal
bring**en** (trazer)	bring!	bring**t**!	bringen Sie!
ruf**en** (chamar)	ruf!	ruf**t**!	rufen Sie!
komm**en** (vir)	komm!	komm**t**!	kommen Sie!
geb**en** (dar)	gib!	geb**t**!	geben Sie

Não só no alemão, mas como em qualquer outra língua, os verbos são importantíssimos durante uma viagem, quando estiver tentando formular frases. Algumas pessoas talvez se sintam um pouco desanimadas com a gramática dessa língua. Conheça os diferentes tempos verbais e faça o melhor que puder.

Capítulo 15

Os Substantivos e Adjetivos num Piscar de Olhos

Neste Capítulo:

- Tudo sobre os substantivos
- Aprendendo os quatro casos: nominativo, genitivo, dativo e acusativo.
- Entendendo as declinações
- Trabalhando com os adjetivos
- Usando os pronomes pessoais

Sem dúvida você já sabe que os substantivos dão nome às coisas. São as pessoas, lugares ou coisas, que tanto existem concretamente, na forma de seres ou objetos ou abstratamente, na forma de ideias. Palavras como *cachorro, porta, diferença, Davi e São Paulo* são todas substantivos. Essas palavras podem ser substituídas por pronomes, tais como *ele, ela* ou *eles, elas.*

A maioria dos substantivos tem uma forma no singular e outra no plural, por exemplo: *dois cachorros, duas portas, muitas diferenças* - quem sabe até *dois Davis*. Em alemão, tal como em português, todos os substantivos possuem um gênero e ocorrerão sempre em um dos quatro casos: nominativo, genitivo, dativo e acusativo.

Se sua cabeça está começando a ficar confusa e você já está querendo fechar este livro, persevere um pouquinho mais e continue lendo. Isso tudo é apenas uma referência gramatical e não um teste de conhecimento. Ninguém está lhe dizendo para memorizar as declinações deste capítulo e decorá-las não vai fazer de você um "comunicador" melhor. Você será entendido mesmo que use a forma incorreta de um substantivo, desde que escolha a palavra certa.

Então, continue lendo, faça o seu melhor e não esquente a cabeça!

O Gênero dos Substantivos

Os substantivos alemães são categorizados em três grupos de acordo com seu gênero: masculino, feminino ou neutro. O gênero do substantivo em alemão pode representar um problema para uma pessoa falante de português, porque além da nossa língua não possuir o gênero neutro, alguns substantivos que são masculinos em português, são femininos em alemão e vice-versa. Podemos nos perguntar, por exemplo, que características "o inverno" (*der Winter*) compartilha com "a maçã" (*der Apfel*) para serem ambos do gênero masculino e por que tanto "uma moça" (*das Mädchen*) como "um carro" (*das Auto*) são do gênero neutro? A Tabela 15.1 vai nos ajudar um pouquinho nisso.

Tabela 15.1 Gênero do Substantivo no Singular

	Masculino	Feminino	Neutro
o/a	**der** Apfel a maçã	**die** Sonne o sol	**das** Auto o carro
um/uma	**ein** Apfel uma maçã	**eine** Sonne um sol	**ein** Auto um carro

O mais importante é entender que o gênero gramatical não tem nada a ver com o que comumente associamos às características femininas ou masculinas, é algo aleatório. Felizmente, o uso incorreto do gênero da palavra raramente causará mal-entendidos.

A maioria dos substantivos que constam neste livro já está acompanhada dos seus respectivos artigos definidos (*der, die* ou *das)*, o que ajuda a descobrir qual é o seu gênero gramatical. Outros substantivos vêm acompanhados de m. (masculino), f. (feminino) ou n. (neutro).

A Formação do Plural

Tal como em português, o substantivo alemão geralmente apresenta uma forma no singular e outra no plural. Independentemente do gênero a que essa palavra pertença na forma singular, no plural, ela será sempre do gênero feminino, conforme mostrado na Tabela 15.2.

Tabela 15.2 Gênero do Substantivo no plural

	Masculino	Feminino	Neutro
os/as	**die** Äpfel as maçãs	**die** Sonnen os sóis	**die** Autos os carros
uns/umas (*)	Äpfel umas maçãs	Sonnen uns sóis	Autos uns carros

Em alemão, não é necessário usar o artigo indefinido no plural. Compare a frase no singular: "Nós comemos* **uma *maçã" com* "*nós comemos___maçãs".*

Existem seis maneiras de fazer o plural de um substantivo em alemão, conforme descrevemos na Tabela 15.3. Em muitos casos, basta adicionar *-en* ou *-n* para passar a palavra para o plural.

O Que É Isso?

Mais uma vez queremos reiterar: não pense que você precisa decorar as formas no plural de todos os substantivos que talvez um dia venha a usar. Se você precisar, a forma correta do substantivo no plural pode ser encontrada no verbete do dicionário.

Tabela 15.3 Formas do Plural

	Singular	Plural
sem terminação	der Sommer (o verão)	die Sommer (os verões)
terminação *-en* ou *-n*	das Bett (a cama)	die Bett**en** (as camas)
terminação *-e*	der Brief (a carta)	die Brief**e** (as cartas)
terminação *-er*	das Kind (a criança)	die Kind**er** (as crianças)
terminação *-s*	das Auto (o carro)	die Auto**s** (os carros)
uso de *umlaut*	der Apfel (a maçã)	die **Ä**pfel (as maçãs)

Criando um Caso

O substantivo alemão sempre vai ser usado em um dos quatros casos que existem: o nominativo, o genitivo, o dativo e o acusativo. O caso, com sua terminação específica, indica como a palavra está sendo usada na frase. Em português, a ordem das palavras geralmente é esta:

Um tubarão branco mordeu um nadador.

Se mudarmos a ordem dos substantivos, o significado da sentença vai mudar completamente.

Um nadador mordeu um tubarão branco.

Em alemão, a ordem das palavras é mais flexível. A terminação no final dos substantivos, artigos e adjetivos é que determina o significado da frase.

Ein weiß**er** Hai biß ein**en** Schwimmer.

Ein**en** Schwimmer biß ein weiß**er** Hai.

Ambas as frases significam "um tubarão branco mordeu um nadador", mesmo que a ordem dos substantivos esteja diferente. Para dizer que "um nadador mordeu um tubarão branco", os casos (e, portanto, as terminações) precisariam ser modificados:

Ein Schwimmer biß ein**en** weiß**en** Hai.

Ein**en** weiß**en** Hai biß ein Schwimmer.

O Caso Nominativo

O caso nominativo indica que uma palavra é o sujeito da frase. Em "*Ein weiß**er** Hai biß ein**en** Schwimmer*", *ein weiß**er** Hai* está no caso nominativo. Em "*Ein Schwimmer biß ein**en** weiß**en** Hai*", *ein Schwimmer* está no nominativo. O sujeito no caso nominativo descreve a pessoa ou coisa que está executando a ação em uma frase. No primeiro exemplo, é o tubarão quem morde, no segundo, é o nadador.

O Caso Genitivo

Este caso expressa possessão e também é usado após certas *preposições*:

os dentes do tubarão

die Zähne **des** Hais

Algumas das preposições que exigem o uso do caso genitivo estão listadas na Tabela 15.4.

O Que É Isso?

Uma **preposição** é a palavra que mostra a relação entre um substantivo e outra palavra, por exemplo, *para, além* ou *acima*. Pense na seguinte frase: "A flecha passou _____ carroça". A palavra que você usaria para completar o espaço é a preposição.

Tabela 15.4 Preposições Que Exigem o Uso do Genitivo

Alemão	Português
anstatt	ao invés de
trotz	apesar de
während	durante
wegen	por causa de

O Caso Dativo

O caso dativo marca o objeto indireto da frase e também é obrigatório após certas preposições e verbos.

Traga-**me** água. / Traga água **para mim.**

Bringen Sie **mir** Wasser. / Bringen Sie Wasser **zu mir.**

Alguns verbos que exigem o uso do dativo estão listados na Tabela 15.5.

Tabela 15.5 Preposições Que Exigem o Uso do Dativo

Infinitivo Alemão	Português	Exemplo em Alemão	Português
antworten	responder	Antworten Sie mir!	Responda-me!
danken	agradecer	Ich danke Ihnen.	Eu lhe agradeço.
folgen	seguir	Er folgt ihm.	Ele o segue.
gehören	pertencer	Es gehört ihr.	Pertence a ela.
helfen	ajudar	Helfen Sie uns!	Ajude-nos!

A Tabela 15.6 apresenta algumas preposições que sempre exigem o uso do dativo.

Tabela 15.6 Preposições Que Exigem o uso do Dativo

Alemão	Português
aus	de,
außer	fora de, com exceção de
bei	em, perto de, durante
mit	com
nach	para, depois de, em direção a
seit	desde
von	de
zu	para, em

A Tabela 15.7 traz as preposições que requerem o uso do dativo quando respondem à pergunta "Onde?"

Tabela 15.7 Preposições Que Exigem o Uso do Dativo para Responder à Pergunta "Onde?"

Alemão	Português
an	em, junto a
auf	sobre, em cima de
hinter	atrás
in	em, dentro de
neben	perto de
über	sobre, acima de
unter	embaixo
vor	na frente, antes de
zwischen	entre

O Caso Acusativo

O acusativo indica o objeto direto da frase. Também é obrigatório após certas preposições. No nosso exemplo anterior *ein**en** Schwimmer* está no acusativo. No segundo exemplo, *ein**en** Hai* é que está no acusativo. O objeto direto da frase é o que sofre a ação. No primeiro caso, o nadador é que foi mordido, no segundo, o tubarão.

Bem-vindo à Alemanha

E por Falar Nisso...

Se você está achando que esses quatro casos estão complicando muito as coisas, alegre-se por não estar estudando finlandês. O finlandês tem nada menos do que 15 casos!

Algumas das preposições que pedem o caso acusativo estão listadas na Tabela 15.8.

Tabela 15.8 Preposições Que Pedem O Caso Acusativo

Alemão	Português
durch	através
für	para
gegen	contra
ohne	sem
um	cerca de, ao redor de

E algumas preposições que pedem o caso acusativo quando estiverem respondendo à pergunta "Para que lugar?" estão listadas na Tabela 15.9.

Tabela 15.9 Preposições Que Exigem O Uso do Acusativo para Responder à Pergunta "Para que lugar?"

Alemão	Português
an	em, para
auf	em, sobre, para
hinter	atrás
in	em, dentro
neben	ao lado de
über	acima, sobre,
unter	entre, embaixo
vor	antes, em frente de
zwischen	entre

Para ajudar você a distinguir o sujeito do objeto direto, imagine um arco, uma flecha e um alvo. O arco é o sujeito, a ação emana dele. A flecha é o verbo. E o alvo é o objeto direto, porque é ele quem recebe a ação do verbo.

Declinação

Você já aprendeu sobre os casos e as funções que eles desempenham, agora você precisa aprender a forma que as palavras assumem em vários casos. Isso é mostrado nas Tabelas de 15.10 a 15.15. O padrão dessas formas variadas é chamado de declinação. Um resumo desses padrões é chamado de tabela de declinações.

Tabela 15.10 Declinação Fraca dos Substantivos (Singular)

	Masculino	Feminino
nominativo	der / ein Student	die / eine Frau
genitivo	des / eines Studenten	der / einer Frau
dativo	dem / einem Studenten	der / einer Frau
acusativo	den / einen Studenten	die / eine Frau

Tabela 15.11 Declinação Fraca dos Substantivos (Plural)

	Masculino	Feminino
nominativo	die Studenten	die Frauen
genitivo	der Studenten	der Frauen
dativo	den Studenten	den Frauen
acusativo	die Studenten	die Frauen

Tabela 15.12 Declinação Forte dos Substantivos (Singular)

	Masculino	Feminino	Neutro
nominativo	der / ein Apfel	die / eine Mutter	das / ein Haus
genitivo	des / eines Apfels	der / einer Mutter	des / eines Hauses

Tabela 15.12 Declinação Forte dos Substantivos (Singular) (continuação)

	Masculino	Feminino	Neutro
dativo	dem / einem Apfel	der / einer Mutter	dem / einem Haus
acusativo	den / einen Apfel	die / eine Mutter	das / ein Haus

Tabela 15.13 Declinação Forte dos Substantivos (Plural)

	Masculino	Feminino	Neutro
nominativo	die Äpfel	die Mütter	die Häuser
genitivo	der Äpfel	der Mütter	der Häuser
dativo	den Äpfeln	den Müttern	den Häusern
acusativo	die Äpfel	die Mütter	die Häuser

Tabela 15.14 Declinação Mista dos Substantivos (Singular)

	Masculino	Neutro
nominativo	der / ein Doktor	das / ein Bett
genitivo	des / eines Doktors	des / eines Bettes
dativo	dem / einem Doktor	dem / einem Bett
acusativo	den / einen Doktor	das / ein Bett

Tabela 15.15 Declinação Mista dos Substantivos (Plural)

	Masculino	Neutro
nominativo	die Doktoren	die Betten
genitivo	der Doktoren	der Betten
dativo	den Doktoren	den Betten
acusativo	die Doktoren	die Betten

Adjetivos

Os adjetivos descrevem os substantivos e nos dizem como alguma coisa é: *verde, boa, ousado, enfeitado* e *informativo* são exemplos de adjetivos. Em alemão, sempre que se referem a um substantivo recebem uma terminação adequada. Isto é, eles têm que combinar com o gênero, número e caso do substantivo que estão acompanhando:

Der *rote, warme* Pulli ist hier.

O suéter vermelho e quente está aqui.

Ich möchte einen *rote**n**, warme**n*** Pulli.

Eu gostaria de um suéter vermelho e quente.

Quando os adjetivos vêm após o substantivo, eles não recebem terminação diferente.

Der Pulli is *rot* und *warm.*

O suéter é vermelho e quente.

Declinação Fraca dos Adjetivos

Se o adjetivo e o nome estiverem precedidos por uma palavra *ein* (veja a Tabela 15.16) ou por uma palavra *der* (*der* - "o", *dieser* -"este"), a declinação será ligeiramente diferente, conforme mostrado nas Tabelas de 15.17 a 15.20.

Tabela 15.16 Palavras com *Ein*

Alemão	Português
dein	seu
kein	nada, nenhum
sein	seu (dele)
unser	nosso
mein	meu
ihr	seu (dela), seu (deles)
Ihr	seu (ref. ao *Sie* formal)
euer	seus (de vocês)

Tabela 15.17 Declinação Fraca dos Adjetivos Acompanhando Palavras com *Ein* (Singular)

	Masculino	Feminino	Neutro
nominativo	ein guter Mann	eine gute Frau	ein gutes Kind
genitivo	eines guten Mannes	einer guten Frau	eines guten Kindes
dativo	einem guten Mann	einer guten Frau	einem guten Kind
acusativo	einen guten Mann	eine gute Frau	ein gutes Kind

Como não há plural de *ein* (um), é preciso usar *kein* (nenhum), para a negativa, conforme mostrado na Tabela 15.18.

Tabela 15.18 Declinação Fraca dos Adjetivos Acompanhando Palavras com *Ein* (Plural)

	Masculino	Feminino	Neutro
nominativo	keine guten Männer	keine guten Frauen	keine guten Kinder
genitivo	keiner guten Männer	keiner guten Frauen	keiner guten Kinder
dativo	keinen guten Männern	keinen guten Frauen	keinen guten Kindern
acusativo	keine guten Männer	keine guten Frauen	keine guten Kinder

Tabela 15.19 Declinação Fraca dos Adjetivos Acompanhando Palavras com *Der* (Singular)

	Masculino	Feminino	Neutro
nominativo	der gute Mann	die gute Frau	das gute Kind
genitivo	des guten Mannes	der guten Frau	des guten Kindes
dativo	dem guten Mann	der guten Frau	dem guten Kind
acusativo	den guten Mann	die gute Frau	das gute Kind

Tabela 15.20 Declinação Fraca dos Adjetivos Acompanhando Palavras com *Der* (Plural)

	Masculino	Feminino	Neutro
nominativo	die guten Männer	die guten Frauen	die guten Kinder
genitivo	der guten Männer	der guten Frauen	der guten Kinder
dativo	den guten Männer	den guten Frauen	den guten Kindern
acusativo	die guten Männer	die guten Frauen	die guten Kinder

Declinação Forte dos Adjetivos

Se os adjetivos não estiverem precedidos por *ein* ou *der*, a declinação será a mostrada nas Tabelas 15.21 e 15.22

Tabela 15.21 Declinação Forte (Singular)

	Masculino	Feminino	Neutro
nominativo	guter Mann	gute Frau	gutes Kind
genitivo	guten Mannes	guter Frau	guten Kindes
dativo	gutem Mann	guter Frau	gutem Kind
acusativo	guten Mann	gute Frau	gutes Kind

Tabela 15.22 Declinação Forte (Plural)

	Masculino	Feminino	Neutro
nominativo	gute Männer	gute Frauen	gute Kinder
genitivo	guter Männer	guter Frauen	guter Kinder
dativo	guten Männern	guten Frauen	guten Kindern
acusativo	gute Männer	gute Frauen	gute Kinder

Vamos Falar de Assuntos Pessoais

Tanto em português como em alemão, usamos pronomes para evitar a repetição de palavras.

Shaniqua está surfando na Internet.

Ela (Shaniqua) gosta *disso* (de surfar na Internet).

Em alemão, os pronomes também têm gênero, número e caso, assim como os substantivos que substituem. A Tabela 15.23 explica melhor, para que você escolha corretamente entre os vários pronomes pessoais.

Tabela 15.23 Pronomes Pessoais (singular)

	Primeira Pessoa	Segunda Pessoa	Terceira Pessoa Masculino	Terceira Pessoa Feminino	Neutro
nominativo	Ich (eu)	du (você)	er (ele)	sie (ela)	es (ele/ ela)
genitivo	meiner (meu, minha)	deiner	seiner	ihrer	seiner

continua

Tabela 15.23 Pronomes Pessoais (singular) (continuação)

	Primeira Pessoa	Segunda Pessoa	Terceira Pessoa Masculino	Terceira Pessoa Feminino	Neutro
dativo	mir (para mim)	dir	ihm	ihr	ihm
acusativo	mich (mim,me)	dich	ihn	sie	es

Tabela 15.24 Pronomes Pessoais (Plural)

	Primeira Pessoa	Segunda Pessoa	Terceira Pessoa Masculino
nominativo	wir (nós)	ihr (vocês)	sie (eles/elas - você formal)
genitivo	unser (nosso/a)	euer	ihrer
dativo	uns (para nós)	euch	ihnen
acusativo	uns (nós)	euch	sie

A gramática pode ser confusa em qualquer língua, não tem jeito. Mas não se deixe desanimar, dê o seu melhor e confie que aqueles com quem falar vão compreender se você cometer algum errinho.

Capítulo 16

Poderíamos Ter um Pouco de Ordem Aqui, Por Favor?

Neste Capítulo:

- Entendendo as palavras e a sua ordem
- Os verbos e seu lugar na frase
- Colocando as perguntas em ordem

Se nessa altura do campeonato, você já está balançando a cabeça e se perguntando por que os substantivos alemães têm tantas terminações mutantes, concentre-se agora em mais um detalhe: *a ordem das palavras.*

A Ordem das Palavras

A ordem das palavras, também conhecida entre os gramáticos como *a sintaxe*, geralmente tem impacto no significado da sentença em português. Pense nos exemplos dados no Capítulo 15: "o tubarão mordeu o nadador" *versus* "o nadador mordeu o tubarão". Em alemão, o significado da frase depende menos da ordem das palavras e mais das suas terminações. Contudo, há algumas regrinhas que governam a sintaxe em vários tipos de frases. Normalmente, o verbo é o segundo elemento, sendo colocado depois do sujeito, tal como em português e conforme mostrado na Tabela 16.1.

Tabela 16.1 Ordem Normal das Palavras

Sujeito	Verbo	Modificador(es)
Ich	komme	aus Brasilien.
Eu	venho	do Brasil.
Mein Auto	ist	kaputt.
Meu carro	está	quebrado.
Ihr Bruder	arbeitet	am Flughafen.
Seu irmão (dela)	trabalha	no aeroporto.

Se quiser enfatizar o modificador, coloque-o no início da frase. O verbo virá então na segunda posição, seguido pelo sujeito, conforme mostrado na Tabela 16.2

Tabela 16.2 Dando Ênfase ao Predicado

Modificador(es)	Verbo	Sujeito	Outros Modificadores
Am Flughafen	arbeitet	ihr Bruder.	
No aeroporto	trabalha	seu irmão. (dela)	
Morgen	fliegen	wir	nach Wien.
Amanhã	voamos	(nós)	para Viena.

Se houver um verbo auxiliar modal na frase ou se ele estiver no futuro ou no pretérito perfeito, a ordem das palavras muda um pouco: separa-se o verbo e uma parte dele vai para o final da frase, conforme mostrado na Tabela 16.3.

Tabela 16.3 Frases Com Verbos Modais

Sujeito	Verbo Auxiliar	Modificador	Verbo (Infinitivo ou Particípio)	Tradução em Português
Ich	kann	Deutsch	sprechen.	Eu falo alemão.
Eu	posso	alemão	falar.	
Wir	werden	nach Köln	fahren.	Iremos (de carro) para Colônia.
Nós	iremos	para Colônia	dirigir.	
Meine Frau	hat	jahrelang Deutsch	gelernt.	Minha esposa estuda alemão há anos.
Minha esposa	tem	durante anos alemão	estudado.	

Bem-vindo à Alemanha

E por Falar Nisso...

No seu livro *A Tramp Abroad*, Mark Twain afirma que a ordem das palavras em alemão pode ser um tanto quanto complicada, porque o ouvinte só vai ter certeza sobre o que está acontecendo na frase, até que o verbo seja revelado no final.

A Ordem das Palavras nas Perguntas

Em alemão, as palavras seguem uma ordem especial quando fazemos perguntas, para distingui-las de uma afirmação. Quando fazemos uma pergunta que pode ser respondida com "sim" ou "não", o verbo vai para a *pole position*, conforme mostrado na Tabela 16.4.

Tabela 16.4 Verbos na *Pole Position*

Verbo	Sujeito	Modificador
Sprechen	Sie	Portuguiesisch?
Fala	você (formal)	português?
Haben	Sie	ein Zimmer?
Tem	você (formal)	um quarto?
Ist	das	der Zug nach Köln?
É	este	o trem para Colônia?

Lembre-se, se a pergunta conter modais ou estiver no futuro, uma parte do verbo vai para o final da frase, conforme mostrado na Tabela 16.5.

Tabela 16.5 Verbos no Final da Pergunta

Verbo Auxiliar	Sujeito	Modificador	Verbo (Infinitivo ou Particípio)	Tradução em Português
Können	Sie		tanzen?	Você sabe dançar?
Pode	você (formal)		dançar?	

Tabela 16.5 Verbos no Final da Pergunta (continuação)

Verbo Auxiliar	Sujeito	Modificador	Verbo (Infinitivo ou Particípio)	Tradução em Português
Werden	Sie	morgen	abfahren?	Você vai partir amanhã?
Vai	você (formal)	amanhã	partir?	
Haben	Sie	gut	geschlafen?	Você dormiu bem?
Tem	você (formal)	bem	dormido	

Se a sua pergunta começar com um pronome ou frase interrogativa tal como "onde" ou "há quanto tempo", o verbo novamente assumirá a segunda posição dentro da sentença, seguido imediatamente pelo sujeito, como mostrado na Tabela 16.6.

Tabela 16.6 Frases Começando com Pronomes Interrogativos

Pronome Interrogativo	Verbo	Sujeito
Woher	kommen	Sie?
De onde	vem	você (formal)?
Wo	ist	der Banhof?
Onde	é	a estação ferroviária?
Wie lange	bleiben	Sie?
Por quanto tempo	fica	você (formal)?

Os particípios e os infinitivos, no caso das frases que começam com pronomes interrogativos e possuem um verbo auxiliar, vão sempre para o final das frases, conforme mostrado na Tabela 16.7.

Tabela 16.7 Particípios e Infinitivos

Pronome Interrogativo	Verbo Auxiliar	Sujeito	Modificador	Verbo (Infinitivo ou Particípio)
Wann	wollen	Sie	morgen	aufstehen?
Quando	quer	você (formal)	amanhã	levantar?
Um wieviel Uhr	wird	das Konzert		enden?
A que horas	vai	o concerto		terminar?
Warum	haben	Sie	Spanisch	gelernt?
Por que	tem	você (formal)	espanhol	aprendido?

Mesmo que a sintaxe não seja um assunto muito empolgante, ela faz diferença na hora em que você tenta se comunicar com alguém em alemão. As informações deste capítulo são mais um passo no caminho para o seu aprendizado efetivo.

Capítulo 17

De Qualquer Jeito que Diga

Neste Capítulo

- As expressões idiomáticas
- As réplicas e as tréplicas
- Desejando o bem - ou não
- Recordando o que aprendeu

Se você é daqueles que gostam de estudar línguas, talvez um dos motivos seja as expressões idiomáticas, aquelas combinações de palavras que permitem a você se expressar de maneira divertida e criativa. As expressões idiomáticas são a cereja do bolo da linguagem.

Imagine como a língua portuguesa seria chata se não tivéssemos expressões como "ele está na fossa" ou "não fui com a cara dele".

Sem essas expressões, certamente não "choveriam canivetes" e você nunca faria "tempestade em copo d'água". Nenhuma prova ou teste seria "sopa", e você não "daria duro" para terminar um projeto.

Bom, assim como o português tem expressões idiomáticas específicas, o alemão também tem as suas.

Expressões Idiomáticas

As expressões idiomáticas não podem ser traduzidas literalmente, pelo menos não sem que, às vezes, se obtenham resultados estranhos! O primeiro grupo de expressões que vamos estudar são as expressões idiomáticas que empregam verbos, listadas na Tabela 17.1.

Tabela 17.1 Expressões Idiomáticas Com Verbos

Português	Alemão	Pronúncia
Está tudo bem.	Das ist (schon) in Ordnung.	*das ist (chôn) in ord-nung*
Pra mim tanto faz.	Das ist mir (ganz) egal.	*das ist mi-ar (gants) ê-gal*
Não tem problema.	Das macht nichts.	*das maHt nichts*
Tem...	Es gibt...	*ês guibt*
Trata-se de...	Es geht um...	*ês guêt um*
Eu (não) tenho medo de...	Ich habe (keine) Angst vor...	*iH ha-be (kai-ne) angst fór*
Eu (não) estou com sede.	Ich habe (keinen) Durst.	*iH ha-be (kai-nen) durst*
Eu (não) estou com sorte.	Ich habe (kein) Glück.	*iH ha-be (kain) glük*
Eu (não) estou com fome.	Ich habe (keinen) Hunger.	*iH ha-be (kai-nen) hun-gar*

Tabela 17.1 Expressões Idiomáticas Com Verbos (cont.)

Português	Alemão	Pronúncia
Eu (não) estou com vontade de...	Ich habe (keine) Lust zu...	*iH ha-be (kai-ne) lust tsu...*
Eu (não) estou certo.	Ich bin (nicht) sicher.	*iH bin (nicht) sicha*
Eu (não) gosto...	Mir gefällt (nicht)...	*mir gue-fêlt (nicht)...*
Eu (não) estou bem.	Mir geht es (nicht) gut.	*mi-ar guêt ês (nicht) gut*
Eu (não) estou com calor.	Mir ist es (nicht) heiβ.	*mi-ar ist ês (nicht) haiss*
Eu (não) estou com frio.	Mir ist es (nicht)kalt.	*mi-ar ist ês (nicht) kalt*
Eu (não) estou com dor.	Mir tut... (nicht) weh.	*mi-ar tut ... (nicht) vê*

Continuando a Conversação

A língua alemã também possui aquelas réplicas, palavrinhas e expressões espirituosas que usamos para responder rapidamente a uma pergunta ou comentário. A Tabela 17.2 lista algumas dessas expressões mais comuns que podem lhe ser úteis.

Tabela 17.2 Réplicas

Português	Alemão	Pronúncia
Ah, tá!	Ach, so!	*ar, zô*
Claro!	Na, klar!	*na, klar*
Puxa!	Na, sowas!	*na, zo-vas*
Ai, meu Deus!	Oh, jeh!	*ô, ie*

continua

Tabela 17.2 Réplicas (continuação)

Português	Alemão	Pronúncia
Que pena!	Schade!	*cha-dê*
Melhor ainda!	Umso besser!	*um-zo bé-ssar*
Que sorte!	Zum Glück!	*tsum glük*

Desejando Boa Sorte

Quer você esteja viajando, quer esteja circulando pelo seu bairro, as expressões que usamos para desejar o bem aos outros serão sempre úteis e apreciadas. As frases que listamos na Tabela 17.3 vão ajudar você a criar um clima de boa vontade durante suas viagens, para não falar da capacidade que elas têm de conquistar amigos.

Tabela 17.3 Desejando "Tudo de Bom"

Português	Alemão	Pronúncia
Parabéns/ Felicitações...	Herzlichen Glückwunsch	*herts-li-chen glük-vunch*
pelo seu casamento.	zu Ihrer Hochzeit.	*tsu i-rrer hoH-tsait*
pelo seu noivado.	zu Ihrer Verlobung.	*tsu i-rrer fer-lô-bung*
pela sua promoção.	zu Ihrer Beförderung.	*tsu i-rrer be-fôr-de-rrung*
pelo nascimento de seu filho/sua filha.	zur Geburt Ihres/Ihrer Sohnes/Tochter.	*tsu -ar gue-burt/i-rres/i-rrer/zô-nes/tór-ta*

continua

Tabela 17.3 Desejando "Tudo de Bom" (continuação)

Português	Alemão	Pronúncia
Bom apetite!	Guten Appetit!	*gu-tên a-pê-tit*
Melhoras!	Gute Besserung!	*gu-tê be-sse-rrung*
Boa viagem!	Gute Reise!	*gu-tê rrai-ze*
Feliz Aniversário.	Alles Gute zum Geburtstag!	*a-les gu-te tsum gue-burts-tag*
Feliz (Páscoa)!	Frohe (Ostern)!	*frô-he (os-tern)*
Feliz Ano Novo!	Alles Gute zum Neuen Jahr!	*a-les gu-tê tsum nóiem iar*
Feliz Natal!	Frohe Weihnachten!	*frô-he vai-naH-ten*
Meus pêsames!	Herzliches Beileid!	*herts-li-ches bai-laid*

Entendendo os Insultos

Vamos encarar a verdade. Os insultos podem até ser uma parte divertida da língua, ou pelos menos, às vezes, parecem ser. Quando estiver viajando, especialmente se for em um país diferente, sempre será uma boa ideia se comportar da melhor maneira possível. Os insultos na Tabela 17.4, portanto, são mais para que você se divirta e se informe, do que para serem usados.

Tabela 17.4 Insultos e Xingamentos

Português	Alemão	Pronúncia
bobo	die alberne Gans	*di al-ber-ne gans*
idiota	der Armleuchter / der Idiot	*dér arm-lóich-tar / dér-idiôt*
sabe-tudo	der / die Besserwisser (-in)	*dér/di bé-sser-vi-ssar (in)*

continua

Tabela 17.4 Insultos e Xingamentos (continuação)

Português	Alemão	Pronúncia
preguiçoso	der Faulpelz	*dér faul-pelts*
pão-duro	der Fiesling	*dér fis-ling*
imbecil	der Holzkopf	*dér holts-kopf*
patife/idiota	der Schuft	*dér chuft*
sabichão/ espertinho	der Schlaumeier	*dér chláu-mai-ar*
molenga/fra-cote	das Weichei	*das vai-chai*
avoado	der zerstreute Professor	*dér tser-strói-te pro-fe-ssor*
covarde	der Feigling	*dér fai-gling*

Isso é Legal – ou Não?

A palavra inglesa *cool* - "legal" é uma gíria que está na boca do povo também nos países que falam alemão. Na verdade, existem pelo menos oito maneiras de dizer "legal" em alemão e pelo menos seis para dizer que algo "não é legal", conforme mostrado nas Tabelas 17.5 e 17.6.

Tabela 17.5 Maneiras de Dizer "Legal"

Alemão	Pronúncia
affengeil *	*a-fen-gail*
cool *	*kul*
geil *	*gail*

Tabela 17.5 Maneiras de Dizer "Legal" (continuação)

Alemão	Pronúncia
heiβ	*hais*
stark	*chtark*
super	*zu-par*
toll	*tóll*
prima	*pri-ma*

Atenção!

As palavras marcadas com asterisco (*) nas Tabelas 17.5 e 17.6 são usadas mais pelos jovens. Recomendamos aos viajantes com mais de 40 anos que pensem duas vezes antes de usar essas gírias.

Tabela 17.6 Maneiras de Dizer "Não É Legal"

Alemão	Pronúncia
ätzend *	*é-tsent*
bescheuert	*be-chói-ert*
doof	*dof*
furchtbar	*fuicht-bar*
lahm	*lâm*
zum Kotzen *	*tsum ko-tsen*

Mais Expressões Idiomáticas

As expressões na Tabela 17.7 são mais indicadas para estudantes avançados de alemão, do que para principiantes, mas talvez você se divirta conhecendo-as e praticando a sua pronúncia.

Tabela 17.7 Mais Expressões Idiomáticas

Português	Alemão	Pronúncia
ser atrapalhado/desajeitado	zwei linke Daumen haben	*tsvái lin-que dáu-men ha-ben*
acender uma vela para Deus e outra para o Diabo	auf zwei Hochzeiten tanzen	*auf tsvái hôH-tsai-ten tan-tsen*
dar um fora/cometer uma gafe	ins Fettnäpchen treten	*ins fet-nép-chen tre-ten*
estar entre a cruz e a espada/estar em um dilema	zwischen zwei Stühlen sitzen	*tsvi-chen tsvái chtü-len zit-tsen*
não ver algo que é óbvio, não perceber o panorama maior	den Wald vor Bäumen nicht sehen	*den vald for bói-men nicht ze-ên*
ser um sabichão	die Weisheit mit Löffeln essen	*di vais-hait mit lô-feln e-ssen*
fazer algo bastante difícil	jemanden die Würmer aus der Nase ziehen	*ie-man-den di vür-mar aus der na-ze tsi-ên*

Agora Que Você Aprendeu, Não Esqueça Mais!

Se você se empenhou em estudar este guia, é muito provável que agora saiba muito mais sobre a língua Alemã do que quando pegou o livro pela primeira vez. Ainda não é um especialista - nem chega perto. Mas com certeza já se sente mais confortável com a pronúncia da maioria das palavras e tem um bom domínio das frases mais comuns.

Então, o que você vai fazer para não deixar essas novas habilidades se perderem pelo caminho? Pratique! Mantenha este livro sempre a mão e releia-o com frequência, revisando algumas tabelas de cada vez. E se você tem alguém que seja falante de alemão por perto, converse com essa pessoa! Ouvir ainda é a melhor maneira de aprender uma nova língua.

Dicionário

Português para Alemão

Português	Alemão	Pronúncia
(eu) preciso	(Ich) brauche	*iH brau-He*
acidente	Unfall (m.)	*un-fal*
aeroporto	Flughafen (m.)	*fluk-há-fen*
agasalho	Pullover (m.)	*pu-lo-var*
aluguel de carros	Mietwagen (m.) Leihwagen (m.)	*mit-vá-guen/ lái-vá-guen*
amanhã	morgen	*mór-guen*
amarelo	gelb	*guélb*
amigo/amiga	Freund (m.) Freundin (f.)	*fró-int/* *fróin-din*
Até mais.	Auf Wiedersehen.	*auf vi-dar-ze-en*
azul	blau	*blau*
banheiro	Toilette (f.)	*toi-lé-te*
bebê	Baby (m.)	*bêi-bi*
bebida	Getränk (n.)	*gue-trénk*
bolsa de mão/carteira	Handtasche (f.)	*hand-ta-che*
branco	weiβ	*váis*
cachorro	Hund (m.)	*hunt*
café	Kaffe (m.)	*ka-fe*

continua

Português para Alemão (continuação)

Português	Alemão	Pronúncia
câmbio de moeda	Geldwechsel (m.)	*guelt-véc-sel*
câmera fotográfica	Fotoapparat (m.)	*fo-to-a-pa-rrat*
cansado	müde	*mü-de*
carne	Fleisch (n.)	*flaich*
carro	Auto (n.)	*au-to*
cartão de crédito	Kreditkarte (f.)	*kre-dit-kar-te*
carteira	Portemonnaie (n.)	*por-te-mo-ne*
casa	Haus (n.)	*haus*
casa noturna	Bar (f.)	*bar*
cedo	früh	*frü*
chá	Tee (m.)	*tê*
chuva	Regen (m.)	*re-guen*
concerto	Konzert (n.)	*kon-tsert*
criança	Kind (n.)	*kint*
dinheiro	Geld (n.)	*guelt*
doces	Süssigkeiten (f.) (pl.)	*zü-ssich-kai-ten*
doente	krank	*krank*
domingo	Sonntag (m.)	*zon-tag*
drogaria	Drogerie (f.)	*dro-gue-rri*
embaixada	Botschaft (f.)	*bot-chaft*
encontrar	finden	*fin-den*
entrega de bagagem	Gepäckausgabe (f.).	*guê-péc-aus-ga-be*
esposa	Ehefrau (f.)	*e-e-frau*

Português para Alemão (continuação)

Português	Alemão	Pronúncia
estação de trem	Bahnhof (m.)	*ban-hôf*
faminto	hungrig	*hun-grich*
frio	kalt	*kalt*
fruta	Obst (n.)	*ôbst*
gato	Katze (f.)	*ka-tse*
grande	groβ	*gross*
guarda-chuva	Regenschirm (m.)	*re-guen-chirm*
hambúrguer	Hamburger (m.)	*ham-bur-guer*
homem	Mann (m.)	*man*
hotel	Hotel (n.)	*ho-tel*
igreja	Kirche (f.)	*quir-che*
imediatamente	sofort	*zo-fort*
informação	Information (f.), Auskunft (f.)	*in-for-ma-tsion,* *aus-kunft*
inverno	Winter (m.)	*vin-tar*
irmã	Schwester (f.)	*chvés-tar*
irmão	Bruder (m.)	*bru-dar*
jornal	Zeitung (f.)	*tsai-tung*
laranja	Orange	*ô-rrang*
livraria	Buchhandlung (f.)	*buH-hand-lung*
loja de departamentos	Kaufhaus (n.)	*káuf-haus*
longe	weit	*vait*
mãe	Mutter (f.)	*mu-tar*

continua

Português para Alemão (continuação)

Português	Alemão	Pronúncia
manhã	Morgen (m.)	*mór-guen*
marido, esposo	Ehemann (m.)	*e-e-man*
marrom	braun	*braun*
menina, moça	Mädchen (n.)	*méd-chen*
rapaz	Junge (m.)	*iun-gue*
mercearia	Lebensmittelladen (m.)	*le-bens-mi-tel-la-den*
metrô	U-Bahn (f.)	*U-ban*
mulher	Frau (f.)	*frau*
museu	Museum (n.)	*mu-ze-um*
nada	nichts	*nichts*
não	nein	*náin*
neve	Schnee (m.)	*chnê*
noite	Nacht (f.)	*naHt*
obrigado	Danke	*dan-que*
oi, olá, alô	Hallo	*ha-lô*
ontem	gestern	*gués-tern*
outono	Herbst (m.)	*herbst*
padaria	Bäckerei (f.)	*bé-que-rrai*
pai	Vater (m.)	*fa-tar*
pais	Eltern (pl.)	*el-tern*
pão	Brot (m)	*brôt*
papel	Papier (n.)	*pa-pi-ar*
passaporte	Paβ	*pass*
pássaro	Vogel (m.)	*fô-guel*

Português para Alemão (continuação)

Português	Alemão	Pronúncia
pequeno	klein	*klain*
perder	verlieren	*fer-li-rren*
perto	nahe	*na-ê*
polícia	Polizei (f.)	*po-li-tsai*
ponto de ônibus	Bushaltestelle (f.)	*bus-hál-te-chte-le*
por favor	bitte	*bi-te*
posto de gasolina	Tankstelle (f.)	*tanq-chte-le*
praia	Strand (m.)	*chtrand*
preto	schwarz	*chvarts*
primavera	Frühling (m.)	*frü-ling*
problema	Problem (n.)	*pro-blem*
protetor solar	Sonnencreme (f.)	*di zo-nen-crem*
quarta-feira	Mittwoch (m.)	*mit-voH*
quente	heiβ	*háis*
quinta-feira	Donnerstag (m.)	*dô-nêrs-tag*
reserva	Reservierung (f.)	*re-zer-vi-rrung*
restaurante	Restaurant (n.)	*res-to-rran*
sábado	Samstag (m.)	*zams-tag*
segunda-feira	Montag (m.)	*mon-tag*
sexta-feira	Freitag (m.)	*frái-tag*
sim	ja	*iá*
sobretudo, casaco	Mantel (m.)	*man-tel*
socorro, ajuda	Hilfe (f.)	*hil-fe*
soda, com sabor de limão	Limonade (f.)	*li-mo-na-de*

continua

Português para Alemão (continuação)

Português	Alemão	Pronúncia
sol	Sonne (f.)	*zo-ne*
tarde	Nachmittag (m.)	*naH-mi-tak*
tarde/atrasado	spät	*chpét*
tarde/noitinha	Abend (m.)	*a-bend*
táxi	Taxi (n.)	*tac-si*
telefone	Telefon (n.)	*tê-le-fon*
telefone celular	Handy (n.)	*han-di*
terça-feira	Dienstag (m.)	*dins-tag*
trem	Zug (m.)	*tsuk*
ventando	windig	*vin-dich*
verão	Sommer (m.)	*zô-mar*
verde	grün	*grün*
vermelho	rot	*rôt*

Alemão para Português

Alemão	Pronúncia	Português
Abend (m.)	a-bend	*tarde/noitinha*
Auf Wiedersehen.	auf vi dar-ze-en	*Até mais.*
Auskunft (f.)	aus-kunft	*informação*
Auto (n.)	au-to	*carro*
Baby (m.)	bei-bi	*bebê*
Bäckerei (f.)	bé-que-rrai	*padaria*

Alemão para Português (continuação)

Alemão	Pronúncia	Português
Bahnhof (m.)	ban-hôf	*estação de trem*
Bar (f.)	bar	*casa noturna*
bitte	bi-te	*por favor*
blau	blau	*azul*
Botschaft (f.)	bot-chaft	*embaixada*
(Ich) brauche	iH brau-He	*(eu) preciso*
braun	braun	*marrom*
Brot (m)	brôt	*pão*
Bruder (m.)	bru-dar	*irmão*
Buchhandlung (f.)	buH-hand-lung	*livraria*
Bushaltestelle (f.)	bus-hál-te-chte-le	*ponto de ônibus*
Danke	dan-que	*obrigado*
Dienstag (m.)	dins-tag	*terça-feira*
Donnerstag (m.)	dô-nêrs-tag	*quinta-feira*
Drogerie (f.)	dro-gue-rri	*drogaria*
Ehefrau (f.)	e-e-frau	*esposa*
Ehemann (m.)	e-e-man	*marido, esposo*
Eltern (pl.)	el-tern	*pais*
finden	fin-den	*encontrar*
Fleisch (n.)	flaich	*carne*
Flughafen (m.)	fluk-há-fen	*aeroporto*
Fotoapparat (m.)	fo-to-a-pa-rrat	*câmera fotográfica*
Frau (f.)	frau	*mulher*
Freitag (m.)	frái-tag	*sexta-feira*

Continua

Alemão para Português (continuação)

Alemão	Pronúncia	Português
Freund (m.)	fró-int	*amigo/amiga*
Freundin (f.)	fróin-din	
früh	frü	*cedo*
Frühling (m.)	frü-ling	*primavera*
gelb	guélb	*amarelo*
Geld (n.)	guelt	*dinheiro*
Geldwechsel (m.)	guelt-véc-sel	*câmbio de moeda*
Gepäckausgabe (f.).	guê-péc-aus-ga-be	*entrega de bagagem*
gestern	gués-tern	*ontem*
Getränk (n.)	gue-trénk	*bebida*
groß	gross	*grande*
grün	grün	*verde*
Hallo	ha-lô	*oi, olá, alô*
Hamburger (m.)	ham-bur-guer	*hambúrguer*
Handtasche (f.)	hand-ta-che	*bolsa de mão/carteira*
Handy (n.)	han-di	*telefone celular*
Haus (n.)	haus	*casa*
heiß	háis	*quente*
Herbst (m.)	herbst	*outono*
Hilfe (f.)	hil-fe	*socorro, ajuda*
Hotel (n.)	ho-tel	*hotel*
Hund (m.)	hunt	*cachorro*
hungrig	hun-grich	*faminto*
Information (f.)	in-for-ma-tsion	*informação*

Alemão para Português (continuação)

Alemão	Pronúncia	Português
ja	iá	*sim*
Junge (m.)	iun-gue	*menino*
Kaffe (m.)	ka-fe	*café*
kalt	kalt	*frio*
Katze (f.)	ka-tse	*gato*
Kaufhaus (n.)	káuf-haus	*loja de departamentos*
Kind (n.)	kint	*criança*
Kirche (f.)	quir-che	*igreja*
klein	klain	*pequeno*
Konzert (n.)	kon-tsert	*concerto*
krank	krank	*doente*
Kreditkarte (f.)	kre-dit-kar-te	*cartão de crédito*
Lebensmittelladen (m.)	le-bens-mi-tel-la-den	*mercearia*
Leihwagen (m.)	lei-vá-guen	*aluguel de carros*
Limonade (f.)	li-mo-na-de	*soda, com sabor de limão*
Mädchen (n.)	méd-chen	*menina, moça*
Mann (m.)	man	*homem*
Mantel (m.)	man-tel	*sobretudo, casaco*
Mietwagen (m.)	mit-vá-guen	*aluguel de carros*
Mittwoch (m.)	mit-voH	*quarta-feira*
Montag (m.)	mon-tag	*segunda-feira*
morgen	mór-guen	*amanhã*
Morgen (m.)	mór-guen	*manhã*

continua

Alemão para Português (continuação)

Alemão	Pronúncia	Português
müde	mü-de	*cansado*
Museum (n.)	mu-ze-um	*museu*
Mutter (f.)	mu-tar	*mãe*
Nachmittag (m.)	naH-mi-tak	*tarde*
Nacht (f.)	naHt	*noite*
nahe	na-ê	*perto*
nein	náin	*não*
nichts	nichts	*nada*
Obst (n.)	ôbst	*fruta*
orange	ô-rrang	*laranja*
Papier (n.)	pa-pi-ar	*papel*
Paß	pass	*passaporte*
Polizei (f.)	po-li-tsai	*polícia*
Portemonnaie (n.)	por-te-mo-ne	*carteira*
Problem (n.)	pro-blem	*problema*
Pullover (m.)	pu-lo-var	*agasalho*
Regen (m.)	rre-guen	*chuva*
Regenschirm (m.)	rre-guen-chirm	*guarda-chuva*
Reservierung (f.)	re-zer-vi-rrung	*reserva*
Restaurant (n.)	res-to-rran	*restaurante*
rot	rrôt	*vermelho*
Samstag (m.)	zams-tag	*sábado*
Schnee (m.)	chnê	*neve*
schwarz	chvarts	*preto*

Alemão para Português (continuação)

Alemão	Pronúncia	Português
Schwester (f.)	chvés-tar	*irmã*
sofort	zo-fort	*imediatamente*
Sommer (m.)	zô-mar	*verão*
Sonne (f.)	zo-ne	*sol*
Sonnencreme (f.)	di zo-nen-crem	*protetor solar*
Sonntag (m.)	zon-tag	*domingo*
spät	chpét	*tarde/atrasado*
Strand (m.)	chtrand	*praia*
Süssigkeiten (f.) (pl.)	zü-ssich-kai-ten	*doces*
Tankstelle (f.)	tanq-chte-le	*posto de gasolina*
Taxi (n.)	tac-si	*táxi*
Tee (m.)	tê	*chá*
Telefon (n.)	tê-le-fon	*telefone*
Toilette (f.)	toi-lé-te	*banheiro*
U-Bahn (f.)	U-ban	*metrô*
Unfall (m.)	un-fal	*acidente*
Vater (m.)	fa-tar	*pai*
verlieren	fer-li-rren	*perder*
Vogel (m.)	fô-guel	*pássaro*
weit	vait	*longe*
weiß	váis	*branco*
windig	vin-dich	*ventando*

Continua

Alemão para Português (continuação)

Alemão	Pronúncia	Português
Winter (m.)	vin-tar	*inverno*
Zeitung (f.)	tsai-tung	*jornal*
Zug (m.)	tsuk	*trem*

Índice

A

B

C

D

E

F

G

H

I

L

M

N

O

P

R

S

T

V

Sobre as Autoras

Angelica Körner cresceu no idílico vale alemão do Nahe. Sua mãe vienense lhe ensinou não apenas o alemão padrão, mas também o dialeto de sua cidade natal. Desde que se mudou para os Estados Unidos, Angelika trabalha como professora de línguas estrangeiras e, atualmente, leciona em uma escola particular de Lancaster, na Pensilvânia.

Ela costuma visitar com frequência seus amigos e sua família na Alemanha. Hoje mora nas proximidades de Lancaster com seu marido, seu filho e seu papagaio trilíngue.

Susan Shelly é pesquisadora e escritora *freelance*. Já tendo trabalhado como repórter e colunista de jornal, escreveu para várias agências de notícias *online* e para várias revistas, jornais e empresas. Seus outros trabalhos incluem histórias corporativas, guias para pesquisa de negócios e *networking*, publicações relacionadas à família e à saúde e outros livros desta série. Susan mora com seu marido e dois filhos em Shillington, na Pensilvânia.

Impresso na Rotaplan Gráfica e Editora LTDA
www.rotaplangrafica.com.br
Tel.: 21-2201-1444